VERLIEFD ZIJN OP HET LEVEN

ADVIEZEN VAN HET OOSTERS CHRISTENDOM

UITGEVERIJ ORTHODOX LOGOS

VERLIEFD ZIJN OP HET LEVEN
Adviezen van het oosters christendom

Maxim Hodak - samensteller en vertaler
Wendy van Dooren - redacteur
Kevin Custers - proeflezer

Uitgevers Maxim Hodak & Max Mendor

Boekomslag, design en layout door:
Max Mendor

© 2023, Uitgeverij Orthodox Logos, Nederland

www.orthodoxlogos.com

ISBN: 978-1-80484-027-6

Niets uit deze uitgave mag worden verveelvoudigd en/of openbaar gemaakt door middel van druk, fotokopie, microfilm of op welke andere wijze ook zonder voorafgaande schriftelijke toestemming van de uitgever.

VERLIEFD ZIJN OP HET LEVEN

ADVIEZEN VAN HET OOSTERS CHRISTENDOM

UITGEVERIJ ORTHODOX LOGOS

INHOUD

BIJ WIJZE VAN VOORWOORD 7

WIE IS GOD? 8

WAT LIEFDE IS. 26

HOE KUN JE VANDAAG
DE DAG ORTHODOX-CHRISTEN ZIJN? 51

HOUD VAN JE VIJAND. 78

HET MYSTERIE VAN BEROUW 83

DE DODELIJKE ZONDE: MOEDELOOSHEID . . . 107

VERHEUGT U ALTIJD!. 124

ANGST IS ERGER DAN HETGEEN WIJ VREZEN . . 130

ONBESCHOFTHEID
RECEPTEN OM HET TE BESTRIJDEN 137

HEILIGEN OVER HET HUWELIJK 147

OVER OUDERSCHAP,
ONVOORWAARDELIJKE LIEFDE
EN OUDERLIJKE STRENGHEID 159

MACHT EN CARRIERE. 181

ORTHODOXIE EN ONDERNEMERSCHAP 191

WAT WORDT ER GEBOREN
EN WAT STERFT ER IN EEN RUZIE? 212

DE HEILIGE SCHRIFT OVER
OORLOG EN MILITAIRE DIENST 230

HEILIGE IGNATIUS
BRYANCHANINOV: AFORISMEN. 250

BIJ WIJZE VAN NAWOORD 263

BIJ WIJZE VAN VOORWOORD

De moderne mens is volledig verstrikt in aardse, materiële belangen en waar er te veel zorgen zijn, zijn er veel hindernissen voor het geestelijk leven. Wanneer men verzandt in materiële problemen, wendt men zich af van de weg die leidt naar de paradijselijke tehuizen. Eerst wil je het ene, dan het andere en nog iets en nog iets... Als je verstrikt raakt in de wielen van dit mechanisme ben je verloren, want het hemelse is oneindig en het aardse leven heeft geen einde en grenzen. Het is niet goed voor ons om veel werk te doen, met veel moeite, vermoeidheid en vooral met haast. Dit berooft de mens van zijn nuchterheid en maakt zijn hart gevoelloos en hardvochtig. Hij houdt niet alleen op met bidden, maar ook met denken en is niet meer in staat zich verstandig te gedragen, maar begaat blunder na blunder. Wees daarom op uw hoede, verspil uw tijd niet tevergeefs zonder geestelijk nut, anders zal het zover komen dat uw ziel verhard wordt en u uw geestelijke plicht niet meer kunt vervullen.

De Eerwaarde Paisii Svyatogorets

WIE IS GOD?

Religie kan alleen een wereldbeschouwing worden genoemd waarin een idee van God bestaat, een gedachte aan God, een erkenning van God, een geloof in God. Als zoiets niet bestaat, is er ook geen religie. We kunnen een dergelijk geloof noemen zoals we willen: sjamanisme, fetisjisme, astrologie, magie ... Maar dit is geen religie, dit is pseudoreligie, een degeneratie van religie. Vandaag, tijdens deze lezing, zou ik het met u willen hebben over een fundamentele vraag voor elke godsdienst, zeker ook voor het christendom, namelijk: de leer van God.

De vraag over God is niet gemakkelijk en je gaat het nog meer dan eens horen: "Jullie christenen proberen ons te vertellen over God, te bewijzen dat Hij bestaat, maar wie is Hij? Over wie heb je het als je het woord 'God' zegt?" Daar gaan we het vandaag met jullie over hebben.

Daarvoor ga ik ver terug in de tijd. Wees daarom niet verrast en heb even geduld met me. Plato, een leerling van Socrates, had dit idee: de oorspronkelijkheden (eenvoudige dingen die geen complexiteit hebben) kunnen niet gedefinieerd of beschreven worden. Inderdaad, complexe zaken kunnen we definiëren aan de hand van eenvoudigere zaken, maar aan de hand waarvan definiëren we de simpele? Als iemand nog nooit groen heeft gezien, hoe leggen we hem dan uit wat dat is? Het enige wat overblijft is een suggestie: "Kijk en neem waar." Het is echter onmogelijk te zeggen wat de kleur groen voorstelt. Vader Pavel Florensky vroeg eens aan zijn kokkin, de meest eenvoudige, ongeschoolde vrouw: "Wat is de zon?" Ze keek hem verbijsterd aan: "De zon? Nou, kijk daar eens wat een zonnetje." Hij was zeer tevreden met dit antwoord. Inderdaad, er zijn dingen die niet verklaard, maar enkel gezien kunnen worden.

De vraag "Wie is God?" moet als volgt beantwoord worden. Het christendom zegt dat God een eenvoudig Wezen is, het eenvoudigste van alle dingen. Hij is eenvoudiger dan de zon. Hij is geen werkelijkheid waarover wij kunnen redeneren en die wij daardoor kunnen begrijpen en kennen. Hij kan alleen 'gezien' worden. Alleen door naar Hem te 'kijken' kan men weten wie Hij is. Je weet niet wat de zon is, kijk; je weet niet wie God is, kijk. Hoe, vraag je? "Zalig zijn de reinen van hart, want zij zullen God zien" (Matteüs 5:8). Nogmaals, niet alle zaken zijn verbaal te beschrijven of te definiëren. Wij kunnen een blinde niet uitleggen wat licht is en aan een dove niet wat de klank van *C* van het derde octaaf of *Re* van het eerste octaaf is. Natuurlijk, er is een aantal dingen die we u vertellen en duidelijk genoeg uitleggen. Maar er zijn er heel wat die verder gaan dan de grenzen van conceptuele expressie. Ze kunnen alleen ervaren worden door directe waarneming.

Weet u hoe theologie in de Grieks-Romeinse literatuur vóór Christus werd genoemd en wie de titel van theoloog mocht dragen? Onder theologie werd verstaan de verhalen over goden, hun daden en gebeurtenissen; en theologen waren de auteurs van deze verhalen: Homerus, Hesiod en Orpheus. (Wat we in hen vinden, daar zal ik niet over uitweiden.) Hier heb je theologie en theologen. Natuurlijk zijn er ook interessante ideeën over God te vinden in de werken van Anaxagoras, Socrates, Plato, Aristoteles en andere oude filosofen, maar deze ideeën waren niet populair.

En wat noemt men in het christendom een theologie? De term 'godsgeleerdheid' is een Russische vertaling van het Griekse woord 'theologie'. Naar mijn mening is dit een zeer ongelukkige vertaling, want het tweede deel van het woord 'theologie', namelijk 'logos', heeft ongeveer honderd verschillende betekenissen (het eerste deel daarentegen, 'Theos', is voor iedereen duidelijk: God). Het Oudgrieks-Russisch woordenboek van I. Dvoretsky bevat 34 betekenisnesten voor het woord 'logos', waarvan elk nest verschillende andere betekenissen heeft. Maar als we het hebben over de religieus-filosofische basisbetekenis van het begrip, dan denk ik dat het het meest overeenkomt met 'kennis', 'cognitie' en 'visie'. De vertalers hebben gekozen voor de meest gangbare betekenis, te weten 'woord', en theologie vertaald met zo'n vaag begrip als theologie. In wezen moet theologie worden vertaald als kennis van God, inzicht in God, besef van God. In het christendom is de kennis van God niet wat de heidenen in gedachten hadden. De kennis van God is geen woorden of verhandelingen over God, maar veeleer een bijzondere geestelijke ervaring van directe ervaring en kennis van God door een zuiver en heilig persoon.

De Eerwaarde Johannes Climacus formuleerde dit idee zeer nauwkeurig en bondig: "Volmaaktheid van zuiverheid is het begin van theologie." Bij de andere vaders wordt het *pheoria* genoemd, dat wil zeggen contemplatie die plaatsvindt in een toestand van bijzondere stilte: *isichia* (vandaar isichasme). De Eerwaarde Barsonophy de Grote zei mooi over deze stilte: "De stilte is beter en verrassender dan alle vertellingen. Onze vaders hebben het gelobd en aanbeden, en werden erdoor verheerlijkt." Ziet u, zoals de oude, heilige vaders christendom zeggen of liever spraken over theologie. Het is het begrip van God dat alleen wordt gerealiseerd door het juiste christelijke leven. In de theologische wetenschap wordt het de methode van geestelijke en ervaringskennis van God genoemd; het geeft de christen de mogelijkheid tot waarachtig begrip van God en door dit begrip van de ware betekenis van Zijn openbaring gegeven in de Heilige Schrift.

Er zijn nog twee andere methoden in de theologische wetenschap, en hoewel zij zuiver rationeel zijn, zijn zij ook van enig belang voor een juist begrip van God. Dit zijn de *apofatische* (negatieve) en de *katafatische* (positieve) methode.

U hebt er misschien van gehoord. De apofatische methode gaat uit van de onvoorwaardelijke waarheid dat God fundamenteel anders is dan alle geschapen dingen en daarom onbegrijpelijk en onuitsprekelijk in menselijke termen. Deze methode verbiedt ons in wezen iets over God te zeggen, omdat elk menselijk woord over Hem vals zou zijn. Om te begrijpen waarom dit zo is, let eens op waar al onze begrippen en woorden vandaan komen, hoe worden ze gevormd? En hier is hoe. We zien, horen, voelen, proeven of ruiken iets en noemen het dienovereenkomstig. We nemen het waar en geven het een naam. We ontdekten een planeet en noemden die Pluto; we ontdekten een deeltje en noemden dat neutron. Er zijn concrete begrippen, er zijn algemene begrippen, er zijn abstracte begrippen en er zijn categorieën. Laten we het daar nu niet over hebben. Zo wordt taal aangevuld en ontwikkeld. En als we met elkaar communiceren en deze namen en begrippen overdragen, begrijpen we elkaar. We zeggen "een tafel" en we begrijpen allemaal waar we het over hebben, want al deze begrippen zijn gevormd op basis van onze collectieve aardse ervaring. Maar ze zijn allemaal zeer, zeer onvolledig, geven een onvolmaakte beschrijving van echte zaken en geven slechts het meest algemene idee van het onderwerp. Heisenberg, een van de grondleggers van de kwantummechanica, schreef terecht: "De betekenissen van alle begrippen en woorden, gevormd door interactie tussen de wereld en onszelf, kunnen niet nauwkeurig worden gedefinieerd ... Daarom is het nooit mogelijk om door rationeel denken alleen tot de absolute waarheid te komen" (Heisenberg W. - Natuurkunde en Wijsbegeerte. - M., 1963. - P. 67).

Het is interessant om deze gedachte van een moderne wetenschapper en denker te vergelijken met de uitspraak van een christelijke asceet die een duizend jaar vóór Heisenberg leefde en geen kwantummechanica kende - Eerwaarde Simeon de Nieuwe Theoloog. Dit is wat hij zegt: "Ik heb het menselijk geslacht beweend, omdat de mensen, op zoek naar buitengewone bewijzen, menselijke begrippen en dingen en woorden gebruiken en denken dat zij de goddelijke natuur vertegenwoordigen, de natuur die noch engelen noch mensen konden zien of benoemen" (Eerw. Simeon de Nieuwe Theoloog. De Goddelijke Hymnen. Sergiev Posad, 1917. C. 272). Hier zie je wat al onze woorden betekenen. Als zij al onvolmaakt zijn met betrekking tot aardse zaken, zoveel te meer zijn zij voorwaardelijk wanneer zij verwijzen naar de werkelijkheid van de geestelijke wereld, naar God.

Nu ziet u waarom de apofatische methode juist is, omdat, nogmaals, ongeacht welke woorden wij gebruiken om God te definiëren, al deze definities verkeerd zullen zijn. Ze zijn beperkt, ze zijn werelds, ze zijn ontleend aan onze aardse ervaring. Maar God staat boven alle schepselen. Als wij dus zouden trachten absoluut precies te zijn en ons zouden vastpinnen op de apofatische methode van kennis, zouden wij eenvoudigweg moeten zwijgen. Maar wat zou geloof of religie dan worden? Hoe kunnen we in het algemeen preken en spreken over ware of valse godsdienst? Per slot van rekening is de essentie van elke godsdienst de leer van God. En als wij niets over Hem zouden kunnen zeggen, zouden wij niet alleen de godsdienst wegcijferen, maar ook de mogelijkheid zelf om de zin van het menselijk leven te begrijpen.

Er is echter een andere benadering van de leer van God. Hoewel formeel onjuist, is het in werkelijkheid net zo juist, zo niet meer, dan de apofatische benadering. Dit is de zogenaamde katafatische methode. Deze methode zegt: we moeten over God spreken. En we moeten wel, want dit of dat begrip van God bepaalt fundamenteel het menselijk denken, het menselijk leven en de menselijke activiteit. Denk er eens over na, is er een verschil tussen de volgende uitspraken: ik kan niets over God zeggen; ik zeg dat God Liefde is; ik zeg dat Hij haat is? Natuurlijk is er een verschil, en een groot verschil, want elke aanduiding van de eigenschappen van God is een referentiepunt, een richting, een norm van ons menselijk leven.

Zelfs de apostel Paulus schrijft over de heidenen dat alles wat men over God kan weten, men dit kon weten door naar de wereld om zich heen te kijken. Het gaat over enkele eigenschappen van God, over hoe wij sommige handelingen van God, dit eenvoudige Wezen, waarnemen. En wij noemen deze eigenschappen van God: Zijn wijsheid, Zijn goedheid, Zijn barmhartigheid en ga zo maar door. Dit zijn slechts individuele manifestaties van de Godheid, die wij kunnen waarnemen op onszelf en op de wereld om ons heen. God is een eenvoudig Wezen.

Daarom, al zijn al onze woorden onnauwkeurig, onvolledig en onvolmaakt, toch zegt de Goddelijke Openbaring voor onze onderwijzing heel beslist dat God Liefde is en geen haat, Goed en geen kwaad, Schoonheid en geen lelijkheid ... Het christendom zegt: "God is liefde, en wie in de liefde blijft, die blijft in God en God in hem" (1 Johannes 4:16). Het blijkt dat de leer van Gods Liefde niet een of andere vaagheid is, een abstractie, neen, het is het wezen zelf van het menselijk leven, Hij is een werkelijk bestaand Ideaal. Daarom "wie zijn broeder niet liefheeft, blijft in de dood"; daarom "is eenieder die zijn broeder haat een mensenmoordenaar"; daarom "heeft geen mensenmoordenaar eeuwig leven in zich" (1 Johannes 3:14,15). Met andere woorden, weet dit, mens, als je een wrok koestert tegen ook maar één persoon, dan dwaal je af en breng je kwaad en lijden over jezelf. Bedenk welk groot criterium een mens krijgt door de positieve leer over God, over Zijn eigenschappen. Daarmee kan ik mezelf, mijn gedrag, mijn daden evalueren. Ik ken de grote waarheid: wat is goed en wat is kwaad en bijgevolg, wat zal mij vreugde en geluk brengen en wat zal mij verraderlijk te gronde richten. Is er iets groter voor de mens! Dit is de kracht en de betekenis van de katafatische methode.

Begrijpt u nu waarom er een openbaring van God is die gegeven wordt in menselijke begrippen, beelden en gelijkenissen, waarom Hij onverklaarbaar en onbeschrijflijk is en ons over Zichzelf vertelt in onze grove woorden? Als Hij tot ons had gesproken in engelentaal, zouden wij er niets van hebben begrepen. Het zou zijn alsof iemand nu bij ons binnenkomt en in het Sanskriet spreekt. Wij zouden in verbijstering onze mond opendoen, hoewel het zeer wel mogelijk is dat Hij de grootste waarheden zou mededelen - wij zouden nog steeds in volledige onwetendheid verkeren.

Dus, hoe leert het christendom over God? Enerzijds zegt het dat God Geest is en als eenvoudig Wezen niet kan worden uitgedrukt in menselijke woorden of begrippen, want elk woord is reeds, zo u wilt, een vervorming. Anderzijds worden wij geconfronteerd met het feit van de openbaring van God die ons in de Heilige Schrift wordt gegeven en met de ervaringen van vele heiligen. God spreekt tot de mens in Zijn eigen taal en hoewel deze woorden niet volmaakt en volledig zijn, zijn zij toch noodzakelijk voor de mens, omdat zij Hem tonen wat Hij moet doen om, althans gedeeltelijk, tot de reddende kennis, het visioen van God te komen. En dat de kennis van God (ten dele) mogelijk is, daarover schrijft Apostel: "Nu zien wij als door een wazig glas, gissende, dan van aangezicht tot aangezicht; nu ken ik ten dele, maar dan ken ik gelijk ik gekend ben" (1 Ko 13, 12). En de Heer zelf zegt: "En dit is het eeuwige leven, opdat zij U kennen, de enige ware God en Jezus Christus, die Gij gezonden hebt" (Johannes 17:3). Het aardse leven is het begin van dit eeuwige leven.

God verlaagt zich tot ons beperkte begrip en drukt ons de waarheid in onze woorden uit. Ik denk dat wanneer we sterven en bevrijd zijn van deze 'conceptuele' taal, we met een glimlach zullen kijken naar onze ideeën over God, de geestelijke wereld, de engelen, de eeuwigheid ... die we hadden, zelfs toen we de Openbaring lazen. Dan zullen wij enerzijds de ellende van onze opvattingen begrijpen, anderzijds zullen wij zien wat een zegen deze intieme openbaring van God over Zichzelf, over de mens en over de wereld voor ons is geweest, want zij heeft ons de weg, de middelen en de richting van ons heilsleven gewezen. Dit alles is dus rechtstreeks van belang voor het geestelijk leven van de christen. Wij zijn allen vervuld van passies, allen zijn wij trots, allen zijn wij egoïstisch, maar er is een groot verschil tussen mensen. Wat is het? De een ziet het in zichzelf en worstelt met zichzelf, terwijl de ander het niet ziet en het ook niet wil zien. Het blijkt dat de positieve (katafatische) leer van God de mens de juiste criteria geeft, de maatstaf aan de hand waarvan hij zichzelf juist kan beoordelen, als hij werkelijk gelovig wil zijn. Natuurlijk kan hij zijn broeder haten, terwijl hij zich een gelovige noemt, maar dan, als zijn geweten niet geheel verbrand is en zijn verstand niet geheel vertroebeld is, zal hij misschien begrijpen in wat voor demonische toestand hij verkeert.

Weet je, er zijn natuurlijke en bovennatuurlijke religies. Natuurlijke religies zijn niets anders dan de uitdrukking in beelden en begrippen, mythen en verhalen van een onmiddellijke, natuurlijke, menselijke ervaring van God. Dergelijke voorstellingen zijn daarom altijd ofwel primitief antropomorf ofwel intellectueel abstract. Hier zijn allerlei beelden van goden, gevuld met alle menselijke hartstochten en deugden, hier is het goddelijke Niets, hier is het idee van de Platoonse Demiurg en de Aristotelische Eerste Beweger, enzovoorts. Maar alle waarheden van deze godsdiensten en godsdienstig-filosofische opvattingen hebben een uitgesproken menselijke oorsprong. Bovennatuurlijke godsdiensten, daarentegen, onderscheiden zich door het feit dat God zelf bekendmaakt wie Hij is. En we zien wat een ontstellend verschil er is tussen het christelijke begrip van God en dat daarbuiten. Op het eerste gezicht gaat het hier en daar om dezelfde of soortgelijke woorden, maar de inhoud van deze godsdiensten is wezenlijk verschillend. Hoe treffend werd dit verschil uitgedrukt door de apostel Paulus toen hij zei: "Maar wij preken de gekruisigde Christus, die voor de Joden een steen des aanstoots en voor de Hellenen een dwaasheid is" (1 Kor. 1: 23). Inderdaad, alle specifiek christelijke waarheden zijn fundamenteel verschillend van al hun vroegere tegenhangers. Dit is niet alleen de gekruisigde Christus, maar ook de leer van de Drie-enige God, van de Logos en zijn menswording, van de opstanding, van de verlossing, enzovoorts. Maar dit moet apart worden behandeld. We zullen het nu over een van deze waarheden hebben. Er is nog een unieke waarheid over de christelijke leer van God die het christendom onderscheidt van alle andere godsdiensten, zelfs van de oudtestamentische godsdienst. We zullen nergens anders vinden, behalve in het christendom, dat God Liefde is en alleen Liefde.

Buiten het christendom vinden we allerlei ideeën over God. Het hoogste begrip van God waartoe sommige godsdiensten en sommige oude filosofen kwamen, was de leer van een rechtvaardige rechter, de hoogste Waarheid, de meest volmaakte Rede. Niemand wist vóór Christus dat God Liefde is. Hier is een voorbeeld. In onze kerk is er een commissie voor dialoog met moslims in Iran. Op een bijeenkomst afgelopen zomer werd de kwestie van de hoogste deugd en de hoogste eigenschap van God aan de orde gesteld. Het was interessant om moslimtheologen een voor een te horen zeggen dat rechtvaardigheid een hogere deugd is. Wij antwoordden: "Als dat zo is, dan is de meest rechtvaardige de computer. En roepen jullie Allah niet aan: "O, de Barmhartige, de Genadevolle!" Zij zeggen: "Ja, barmhartig, maar Hij is de Rechter. Hij oordeelt rechtvaardig en daarin is Zijn barmhartigheid geopenbaard." Waarom wist en weet het niet-christelijke bewustzijn (ook al noemt het zichzelf christelijk) niet dat God Liefde is en niets anders? Omdat de notie van liefde is vervormd in de menselijke taal. In menselijke taal betekent liefde: alle-vergevingsgezindheid, afwezigheid van straf, dat wil zeggen, vrijheid van willekeur. Doe wat je wilt, maar dat is wat 'liefde' betekent in mensentaal. Een vriend vergeven we alles, maar bij iemand die ons onaangenaam is, klampen we ons vast aan elke onzin. We hebben het concept van liefde geperverteerd. Het christendom geeft ons het ware begrip van liefde terug.

Wat is christelijke liefde? "Zo heeft God de wereld liefgehad, dat Hij Zijn eniggeboren Zoon gegeven heeft, opdat eenieder die in Hem gelooft, niet verloren gaat, maar eeuwig leven heeft." Liefde is opoffering. Maar opoffering is niet blind. Kijk naar het antwoord van Christus op het kwaad: "Slangen, adderengebroed." Hij neemt een zweep en drijft hen uit de tempel, waarbij hij de kerkbanken omverwerpt van hen die erin verkopen. Ik moet denken aan een episode uit het boek van aartsbisschop Alexander van Tien Shan, toen hij 14-15 jaar oud was. Hij schreef: "Ik pakte een boek en staarde naar een plaatje van paarden die aan het paren waren. En plotseling zag mijn moeder het. Ik had haar nog nooit zo kwaad gezien. Ze was altijd heel zacht en vriendelijk, maar hier griste ze verontwaardigd het boek uit mijn handen. Het was een woede van liefde die ik me mijn hele leven dankbaar herinner."

De mensen weten niet wat de toorn der liefde is, en met liefde bedoelen zij slechts lankmoedigheden. Daarom, als God Liefde is, doe dan wat je wilt. Het is dan ook duidelijk waarom rechtvaardigheid altijd als de hoogste deugd werd en wordt beschouwd. Wij zien hoe zelfs in de geschiedenis van het christendom deze hoogste leer geleidelijk werd gekleineerd en verdraaid.

De christelijke leer van Gods liefde is door de heilige vaders diepgaand begrepen en geopenbaard. Dit begrip blijkt echter psychologisch ontoegankelijk te zijn voor de vroegere mens. Het duidelijkste voorbeeld is de katholieke leer over verlossing. Het wordt, in de getrouwe woorden van A. S. Khomiakoff, teruggebracht tot een voortdurend geschil tussen God en de mens. Wat voor relatie is dit? Een liefdesrelatie? Nee, een relatie van oordeel. Gij hebt zonde begaan, dus breng gepaste voldoening aan de rechtvaardigheid van God, want door te zondigen hebt gij de Godheid beledigd. Zij begrijpen niet eens dat God niet beledigd kan worden, omdat Hij anders niet een algenoegzaam, maar een zeer lijdend Wezen is. Als God voortdurend beledigd is door de zonden van de mensen, voortdurend huivert van toorn over de zondaars, wat voor soort gelukzaligheid is er dan, wat voor soort liefde! Het is een rechterlijk oordeel. Vandaar is de trotse leer uitgevonden van de verdiensten en zelfs superverdiensten van de mens, alsof hij die voor God zou kunnen hebben. Vandaar de leer van het offer van Christus als voldoening van de rechtvaardigheid van God, de leer van het zuiveringsvuur, vandaar de aflaten. De hele katholieke leer wordt teruggebracht tot de oudtestamentische leer van "oog om oog en tand om tand". Het komt allemaal rechtstreeks voort uit een diep verwrongen begrip van God.

Wel, als God Liefde is, hoe kunnen we die Liefde dan begrijpen? Zijn er menselijke smarten? Ja. Is er geen vergelding voor de zonden van de mensen? Die is er wel degelijk, in grote mate. Dat kunnen wij voortdurend opmaken uit onze eigen ervaring en die van anderen. De Schrift zelf spreekt van vergelding, evenals de vaders. Wat betekent dit alles dan, als het niet betekent dat God Gerechtigheid is? Het blijkt dat hij dat niet is. Wanneer men de feiten van menselijk onheil en lijden beoordeelt als Gods straf, dat wil zeggen als Gods wraak voor zonden, begaat men een grote vergissing. Wie straft een drugsverslaafde? Wie straft iemand die van de tweede of derde verdieping naar beneden is gesprongen en zijn armen en benen heeft gebroken? Wie straft een dronkaard? Is het Gods wraak dat hij gebroken, kreupel of lichamelijk en geestelijk ziek wordt? Zeker niet. Dit lijden is een natuurlijk gevolg van het breken van de wetten van de uiterlijke wereld. Precies hetzelfde overkomt de mens wanneer hij de wetten van de geestelijke wetten overtreedt, die primair en zelfs belangrijker zijn in ons leven dan de fysieke, biologische en mentale wetten. En wat doet God? Alle geboden van God zijn een openbaring van geestelijke wetten en een soort waarschuwing aan de mens, net als de wetten van de materiële wereld. God smeekt ons, mensen: doe jezelf geen kwaad, zondig niet, spring niet van de vijfde verdieping, ga de trap niet af; benijd niet, steel niet, wees niet bedrieglijk, doe niet ... Je zult jezelf kreupel maken, want elke zonde draagt zijn eigen straf.

Ik herinner me dat mijn moeder me als kind op een winter vertelde dat je in de kou de ijzeren deurklink niet met je tong mocht aanraken. Zodra mijn moeder zich omdraaide, likte ik er onmiddellijk aan en er was een grote kreun. Maar ik herinnerde het me goed en sindsdien heb ik het nooit meer gedaan. Zo begreep ik wat de geboden van God zijn en dat God Liefde is, ook als dat veel pijn doet. Het was niet mijn moeder die mij strafte, zij stak mijn tong niet tegen het ijzeren handvat, maar ik wilde de wetten niet erkennen en werd gestraft. Zo ook worden wij door God 'gestraft'. Onze beproevingen zijn niet de wraak van God. God blijft Liefde en waarschuwt ons daarom van tevoren, zegt en pleit: "Doe dit niet, want het zal zeker gevolgd worden door uw lijden, uw verdriet."

Maar het idee dat God wraak neemt en straft, is een wijdverbreid en diepgeworteld waanidee. En een verkeerd idee brengt de overeenkomstige gevolgen voort. Hoe vaak al heeft u gehoord dat mensen het God kwalijk namen; in opstand tegen Hem kwamen: "Wat, ben ik de grootste zondaar? Waarom straft God mij?" Kinderen worden slecht geboren, iets brandt aan, dingen gaan fout. Alles wat je hoort is: "Wat, ben ik de grootste zondaar? Zij die nog veel erger zijn dan ik bloeien op, terwijl zij zich schuldig maken aan godslastering, vervloekingen, en een verwerping van God." En waar komt dit allemaal vandaan? Vanuit een verwrongen, heidens begrip van God. Zij kunnen niet begrijpen en aanvaarden dat Hij op niemand wraak neemt, dat Hij de grootste Geneesheer is die altijd bereid is iedereen te helpen die zich waarlijk bewust is van zijn zonden en die van ganser harte berouw heeft getoond. Hij staat boven onze overtredingen. Denk aan de prachtige woorden van de Apocalyps: "Zie, Ik sta aan de deur en Ik klop; indien iemand Mijn stem zal horen en de deur opendoet, zal Ik tot hem inkomen en Ik zal met hem avondmaal houden en hij met Mij" (Openb. 3:20).

Laten we nu luisteren naar wat de Schrift zegt over de God van liefde:

Hij beveelt dat Zijn zon opgaat over de bozen en de goeden en dat Hij regen zendt over de rechtvaardigen en de onrechtvaardigen (Matteüs 5:45).

Want Hij is goed voor de ondankbaren en de bozen (Lukas 4: 39).

Want alzo heeft God de wereld liefgehad dat Hij Zijn eniggeboren Zoon gegeven heeft, opdat eenieder, die in Hem gelooft, niet verloren gaat, maar eeuwig leven heeft (Johannes 3:16).

In verzoeking zal niemand zeggen: "God brengt mij in verzoeking", want God wordt niet verzocht door het kwade, noch brengt Hij zelf iemand in verzoeking. Maar eenieder wordt verzocht, wanneer hij door zijn eigen begeerte wordt meegesleept en verlokt (Jakobus 1:13-14).

Dat gij ... moogt ... de liefde van Christus verstaan, die alle verstand te boven gaat, opdat gij vervuld moogt worden met de ganse volheid Gods (Ef. 3, 18-19).

Hoe zien de heilige vaders deze vraag? Wij vinden daarin (evenals in de Heilige Schrift) vele uitspraken die uitdrukkelijk spreken over de straffen van God voor zonden. Maar wat betekenen deze straffen, wat is hun aard? Ik zal u hun uitleg over deze ernstige kwestie voorlezen.

De heilige vader Antonius de Grote: "God is goed en onbewogen en onveranderlijk. Indien iemand erkent dat het zalig en waar is, dat God niet verandert en zich afvraagt hoe Hij (als zodanig) zich over de goeden verblijdt, de goddelozen afwendt, boos is op de zondaars en, wanneer zij berouw hebben, hun barmhartigheid betoont, moet hij zeggen dat God verheugd noch boos is; want vreugde en toorn zijn hartstochten. Het is absurd te denken dat de Godheid goed of slecht is vanwege de werken van de mensen. God is goed en doet alleen het goede, maar hij schaadt niemand, want hij is altijd dezelfde; en wij, wanneer wij goed zijn, zijn in gemeenschap met God (in gelijkenis met Hem), maar wanneer wij slecht worden, zijn wij van God gescheiden (in geen gelijkenis met Hem). Wanneer wij goed leven, zijn wij van God, maar wanneer wij slecht worden, vervreemden wij van God; en dit betekent niet dat Hij toornig op ons is, maar dat onze zonden Hem niet toelaten in ons te schijnen naast de demonen als kwelgeesten. Als wij dan door gebeden en weldaden een oplossing voor onze zonden verkrijgen, betekent dit niet dat wij God behaagd hebben en Hem veranderd hebben, maar dat wij door deze activiteit en ons beroep op God, nadat wij het kwaad dat in ons bestaat genezen hebben, weer in staat zijn de goddelijke goedheid te proeven; om te zeggen dat God zich van de goddelozen afwendt, is als zeggen dat de zon verdwijnt van hen die geen zicht hebben" (Leer van de heilige Antonius de Grote. Filokalia. Boek 1. §150).

De heilige Gregorius van Nyssa: "Want het is goddeloos om de natuur van God te beschouwen als zijnde onderworpen aan enige hartstocht van welbehagen of barmhartigheid of toorn, dat zal niemand ontkennen, zelfs niet diegenen die er maar weinig aandacht aan besteden de waarheid van het Bestaan te kennen. Maar hoewel er gezegd wordt dat God welbehagen heeft in Zijn dienaren en toornig is over een gevallen volk, dan, dat Hij Zich over hen ontfermt en als Hij Zich over hen ontfermt, is Hij ook genadig (Ex. 33:19). Maar met elk van deze uitspraken, denk ik, leert het algemeen aanvaarde woord ons dat, door onze zwakheid, Gods voorzienigheid zich aanpast aan onze zwakheid, zodat zij die geneigd zijn te zondigen uit vrees voor straf, zich moeten weerhouden van het kwade, en dat zij die vroeger tot zonde werden aangetrokken, niet moeten wanhopen om door berouw terug te keren, op zoek naar barmhartigheid ..." (Heilige Gregorius van Nyssa. Tegen Eunomius. Werken. Hoofdstuk U1. Boek II.M.1864. C.428-429).

Johannes Chrysostom: "Wanneer u de woorden 'woede' en 'toorn' in verband met God hoort, beschouw ze dan niet als menselijke woorden: het zijn woorden van neerbuigendheid. De Godheid is vreemd aan al zulke dingen; het wordt zo gezegd om de zaak toegankelijker te maken voor het verstand van de mens" (Epistel over Ps.VI.-2.1, De Werken. V, Boek 1, SPb. 1899, P. 49).

Johannes Cassianus van Rome: "God kan niet bedroefd zijn over de overtredingen, noch geërgerd zijn door de ongerechtigheden van de mensen..." (Gesprek - X1. §6).

Dit alles is zeer belangrijk om te begrijpen, omdat het van groot belang is voor het geestelijk leven. Wij zijn van God afgesneden door onze zonden, maar God trekt zich nooit van ons terug, hoe zondig wij ook zijn. Daarom staat de deur van de reddende bekering altijd voor ons open. Het was niet door toeval, maar door de Voorzienigheid, dat de eerste die de hemel binnenging niet de rechtvaardige was, maar de rover. God is altijd Liefde.

Een dergelijk begrip van God vloeit voort uit het christelijke dogma dat God één is in wezen en een Drie-Eenheid in gedaanten, een dogma dat nieuw is, onbekend voor de wereld. Er is een vaderlijke uitdrukking: "Wie de Drie-Eenheid heeft gezien, heeft de Liefde gezien." De leer van de Drie-Eenheid openbaart ons het prototype van die liefde die de ideale norm is van het menselijk leven, van de menselijke betrekkingen. De mee persoonlijke mensheid, hoewel één van aard, is in haar huidige staat in het geheel niet één in wezen, want de zonde verdeelt de mensen. Het mysterie van God de Drie-Eenheid is aan de mensen geopenbaard opdat zij zouden weten dat alleen Goddelijke liefde ieder mens tot een kind van God kan maken.

Op 10 oktober 2000 werd in het Theologisch Sretenski-seminarie een lezing gehouden over fundamentele theologie, door professor A.I. Osipov.

Alexey Osipov
16 maart 2004

WAT LIEFDE IS

1. Liefhebben is verlangen naar het welzijn van een ander

Eind vorig jaar publiceerde de uitgeverij van het Sretenski-klooster het boek *Laat God spreken*, een verzameling toespraken en brieven van Griekse geestelijken. Wij bieden onze lezers een uittreksel uit dit boek - artikelen van Archimandriet Andrew (Konanos; geboren in 1970).

Vader Andrew is een bekend prediker die jarenlang het programma *Onzichtbare overgangen* ('Αθέατα περάσματα') presenteerde op de radio van het aartsbisdom Piraeus. Hij is uitgenodigd om in vele steden in Griekenland, Cyprus en de VS lezingen te geven over de geestelijke problemen van deze tijd en over het christelijk leven. Zijn radiotoespraken zijn gepubliceerd op de belangrijkste orthodoxe websites over de hele wereld en als bundel uitgegeven.

De liefde die schaars wordt in onze wereld en onbegrepen blijft, is een van de hoofdthema's van de lezingen en voordrachten van Archimandriet Andrew.

Liefhebben is verlangen naar het welzijn van een ander
Ieder zijn meug. Wat ik niet leuk vind, hoeft niemand anders leuk te vinden. En andersom: het staat niet vast dat wat ik leuk vind, ook jou zal bevallen. We hebben dus het recht om vrij te kiezen: welke boeken we lezen, welke pro-

gramma's we bekijken, naar welke muziek we luisteren, wat onze interesses zijn. Wij kunnen anderen niet veranderen, niet waar?

Maar er is iets wat ons allen, ondanks deze verschillende perspectieven en ongelijkheden, zou moeten verenigen: liefde. En moge het nooit opdrogen in onze zielen. Moge de liefde altijd tussen ons blijven en ons bij elkaar houden als een lijm die ons bindt. Dan zullen we geen antagonisme voelen. We zullen in dit leven met niemand om welke reden dan ook ruzie hebben. Want we zijn verenigd door een gemeenschappelijke pijn en een gemeenschappelijke vijand: de dood. En een gemeenschappelijk verlangen naar het leven, opstanding, geluk en vreugde. We zijn allemaal mensen, in de diepste zin van het woord, verbonden door deze fundamentele concepten.

Laten we elkaar daarom liefhebben, ook al zijn we verschillend. Iedereen heeft een ander karakter. Maar wat zei Christus? "Hieraan zullen allen weten, dat gij mijn discipelen zijt, indien gij liefde hebt onder elkander" (Johannes 13:35). Hij zei bijvoorbeeld niet: zo zullen allen weten dat jullie mijn leerlingen zijn als jullie allemaal naar dezelfde muziek luisteren, als jullie allemaal dezelfde opvattingen hebben of op dezelfde manier leven. We hebben elk ons eigen karakter: jij hebt er een, en ik heb er een. Tijdens de Goddelijke Liturgie bidt iedereen anders: uw ziel verheugt zich, de mijne is meelijwekkend, iedereen beleeft het gebed op zijn eigen manier. Is dat niet zo? Maar we voelen allemaal liefde tijdens de liturgie. "Hieraan zullen allen weten", zegt Christus, "dat gij mijn discipelen zijt, indien gij liefde hebt onder elkander." Dit is het moeilijkste deel. Het moeilijkste is om de liefde levend te houden.

Het is een prestatie om van iemand te houden

En hoe? Hoe kun je liefhebben als je niet eerst leert om lief te hebben? Het is moeilijk om lief te hebben. Heb je lief? Jij wel. Je houdt in gedachten wie je liefhebt en je zegt: "Ik hou van hem, ik hou van haar, ik heb een zwak voor deze of gene, ik zal sterven voor die persoon...." En dat telt als liefde. Dit alles noemen we met één woord: liefde. Echt "Ik hou van je" zeggen is heel moeilijk. Het is een prestatie.

Liefde is de top. Het is een overwinning, niet iets alledaags en gewoons. Ik las ergens over een ouderling, de abt van een klooster. Een van de monniken werd voorbereid voor de wijding. Hij was al tot diaken gewijd. Op de dag van zijn wijding ging de hegumen de kloosterpoort uit en wachtte op de eregast, de metropoliet, die op het punt stond om, samen met de andere uitgenodigde functionarissen, bij de viering te arriveren. Voorbij de abt gingen veel mensen het klooster binnen. Eenvoudige gelovigen, monniken en anderen. De volgende dag, toen alles voorbij was, verzamelde de abt de broeders en zei:

"Mijn lieve vaders, ik zal jullie voor een tijdje moeten verlaten. Ik moet weg om mezelf beter te zien."

"Waarom zou u ons verlaten? We houden zoveel van u!"

"Natuurlijk, maar gisteren realiseerde ik mij iets."

"Wat besefte u zich, Geronda?"

"Terwijl ik bij de poort stond te wachten tot de gasten zouden arriveren voor de chrismatie, merkte ik dat mijn handen vochtig werden van opwinding wanneer er een bepaald groots, officieel persoon binnenkwam. Maar wanneer de gewone pelgrims binnenkwamen, bleven mijn handen droog zoals gewoonlijk. Ik reageerde anders op verschillende mensen."

"Ja," zeiden ze, "wat is het probleem? Is dat niet natuurlijk?"

"Voor jou is het wellicht vanzelfsprekend, maar ik, jouw herder, had inmiddels moeten leren om iedereen in mijn leven gelijk lief te hebben en mij bij iedereen even comfortabel te voelen; om van iedereen te houden en voor niemand bang te zijn; om niet verlegen te zijn voor sommigen en niet dapper te zijn bij anderen. Ik moet als het hart van God zijn, in God blijven. Daarom ga ik een tijdje weg om mezelf beter te bekijken. Hier, midden in het dagelijkse leven en management, ben ik vergeten hoe ik in mezelf moet kijken."

Hij verliet voor enige tijd het klooster om in zichzelf te kijken, om de antwoorden te vinden op de vragen: heb ik lief? Wat heb ik lief? Ben ik transparant naar iedereen? Ben ik oprecht naar iedereen? Sta ik open voor iedereen?

"Liefde" betekent soms "ik heb behoefte aan je"… en dan is het geen liefde meer

Je zegt bijvoorbeeld: ik hou van je. Maar "Ik hou van je" betekent soms "Ik heb je nodig". En dan is het geen liefde omwille van de liefde. Ja, inderdaad, sommige mensen zijn noodzakelijk voor ons. Maar het betekent niet dat we van ze houden. Liefhebben is het goede willen voor degene van wie je houdt. Om voor hem te zorgen. Als ik zie dat hij ergens in kan slagen, wens ik hem succes, ook al heb ik er "geen baat" bij.

Zie het zo: "Ik wil dat mijn kind zich ontwikkelt omdat ik van hem houd, en het kan me niet schelen waar hij voor gaat. Laat hem in elk land ter wereld gaan studeren als hij dat wil. Ik hou tenslotte van hem en ik wens hem het beste. En aangezien hij zijn vleugels wil uitslaan en van mij weg wil vliegen, zal ik die stap respecteren. Omdat ik van hem houd. Maar ik zal hem zo missen! Mijn ogen zullen hem niet zien, mijn handen zullen hem niet aanraken, strelen of omhelzen. Mijn klein bloed, mijn kind, zal niet bij mij zijn.

Als je echt liefhebt, denk je in de eerste plaats aan degene van wie je houdt, aan zijn welzijn. Dat is moeilijk. Dit is wat een jongeman me vertelde. Zijn vader wilde echt dat zijn zoon naar de universiteit ging. Hij wilde het "voor het welzijn van zijn zoon" (zo dacht hij). Hij zei tegen hem: "Ik wil dat je toegelaten wordt. Ik houd van je, mijn jongen. We vertellen je dit voor je eigen bestwil, we maken ons zorgen om je." En de jongeman antwoordde: "Nou, doe ik niet wat ik kan? Dat ben ik. Ik zal mijn best doen." Hij probeerde het, arme man, bereidde zich voor, maar uiteindelijk faalde hij. Niet geslaagd. En zijn vader, in een vlaag van woede (want als we boos worden, dan laten we soms ons ware gezicht zien en laten we zien hoe we ons echt voelen, wie we echt zijn) zei tegen hem: "Genoeg, wegwezen! Je wordt een nietsnut in het leven. Morgen ga ik naar mijn werk en wat zal ik dan zeggen tegen zij wiens kinderen wel zijn toegelaten? De dochter van mijn kantoorgenoot kwam binnen. Hoe kan ik haar morgen mijn gezicht laten zien en haar vertellen dat je gefaald hebt?" De zoon nam zijn boodschap mee: mijn vader zei altijd dat hij van me hield, maar nu is mijn waarde in zijn ogen verdwenen. Zodra ik binnenkwam, liet hij me weten dat hij niet van me hield. Ik heb me afgesloten en hij vergelijkt me al met de dochter van een collega en zegt dat hij zich morgen op het werk voor me zal schamen.

Maar stelt de liefde voorwaarden? "Ik houd van je als je toegelaten wordt," "ik houd van je als je me niet laat blozen." "Kom op", zul je zeggen, "we houden toch van ons kind, niet overdrijven." Ja, maar je zag wat hij zei, nietwaar? "Hoe ga ik morgen mijn gezicht aan mijn collega laten zien? Wat zal ik de mensen vertellen? Hoe laat ik het ware gezicht van mijn familie zien? En vertellen dat mijn zoon dit jaar niet is toegelaten." En, in feite, wat is er gebeurd? Is iemands waarde echt gebaseerd op het feit of hij is toegelaten, of hij een diploma heeft? Is het echt nodig om aanleg voor wetenschap te hebben om van iemand te houden? Nee, liverd. Ik houd van de mens, wat hij ook doet, net zoals God van ons houdt.

Ik vroeg een kind: "Als je een zonde begaat, hoe denk je dan over God?" En het kind antwoordde: "Ik voel dat Hij verwonderd en bedroefd naar mij kijkt en boos op mij is." Iemand anders zei: "Ik voel dat God me zal straffen." En de heiligen zeiden: "Als we zondigen en als we in ons leven gezondigd hebben, hebben we gevoeld dat God ons nog warmer, met meer liefde omhelst, omdat we Hem dan meer nodig hebben."

God houdt van elk van zijn schepsels. Altijd, niet alleen als we deugdzaam leven...

God houdt van elk van zijn schepsels. Hij houdt van jou, Hij houdt ook van mij. Niet alleen als we deugdzaam leven, maar ook als we slecht leven, fouten maken en vallen.

Zelfs als je een verloren zoon wordt, dan houdt God van je. Ook dan heb je waarde in Zijn ogen. Niet omdat je goed of slecht bent, maar omdat je een schepping bent van Zijn liefde, een schepping van Zijn handen. Je hebt waarde en je bewandelt het pad waarop je worstelt en vecht. En God veroordeelt je daar niet om, want Hij weet dat wat je nu bent slechts een moment is, een fase in je leven, of misschien een beproeving die je aan het overwinnen bent en probeert te verbeteren. Het lukt je niet, maar God houdt toch van je. Je bent als een doek waar Christus naar kijkt en waarop Hij je ziet worstelen om Zijn genade mede te scheppen, om Zijn penseel te pakken en Zijn gezicht in je hart te schilderen, het gezicht van God, het gezicht van Christus' liefde. Maar dat kan niet. Je maakt fouten: hier smeer je het doek uit, hier wis je de smeer, hier zet je alles op zijn kop. En wat zegt God daarop? "Ik wacht op het afgewerkte schilderij aan het eind. Ik haast me nergens naartoe. Ik weet dat je vandaag een fout hebt gemaakt, maar ik weet dat je doek nog niet af is en ik trek geen conclusies over je. Ik respecteer je. Ik vergelijk je niet met iemand anders", zegt God. "Ik herinner u er niet aan dat ik heiligen, engelen en aartsengelen heb, dat Onze Lieve Vrouw naast me staat en de meest verbazingwekkende ziel en het mooiste hart heeft. Ik verwijt je niets, ik zeg niet: "Maar jij, waarom ben je zo? Nee. Dat zegt God niet. Hij vergelijkt ons niet. Hij houdt van iedereen."

Ik weet niet of je ooit een kunstenaar een schilderij, of liever een icoon, hebt zien maken door verschillende stadia te doorlopen. Eerst zet hij de levkas neer, dan brengt hij geleidelijk kleuren aan, schaduwen en dan rouge. Dit alles gebeurt in de beginfase van het werk, en er is nog geen zichtbaar resultaat. Je kunt geen kant en klaar icoon meenemen naar de kerk. Het pictogram is nog niet klaar. Je kunt zo'n beeld niet eens in je kamer ophangen. Maar tegelijkertijd kan het ook niet nutteloos worden genoemd. Je kunt zijn waarde niet verminderen, je kunt het niet weggooien. Er kunnen nog geen conclusies aan verbonden worden (het is nog onderweg). Maar het heeft waarde, zelfs in zijn onvoltooide vorm.

Zo houdt God van ons. Omdat Hij ziet dat wij mensen zijn en wij proberen stukje bij beetje op Hem te lijken en liefde te krijgen van Zijn liefde, leven van Zijn leven, licht van Zijn licht. En Hij weet het en kent ons. Daarom houdt Hij van ons. Als je niet van iemand houdt, kun je zeggen dat je hem niet kent. Wie weet wat er werkelijk met een ander aan de hand is, houdt van hem. Iemand die weet dat "de ander niet mijn vijand is, en zelfs als hij dat wel is, ligt de fout bij mij", zal hem, die persoon, liefhebben.

Je zult van degene die je zo gekwetst hebt houden als je beseft dat niet hij of zij het probleem is, maar je innerlijke toestand die nog niet genezen is. Het is een open wond die nog niet genezen is. Het is jouw pijn die nog niet gezakt is.

We hebben geen vijand. Er is geen vijand die het waard is om te haten en onze energie aan te verspillen. Er is geen vijand in deze wereld. Als u in het leven kijkt van iemand die u grote schade heeft berokkend en de vraag probeert te beantwoorden hoe en waarom hij dat heeft gedaan, wat zijn motieven waren, hoe hij over zichzelf dacht, hoe zijn jeugdjaren waren, waarom hij zover is gekomen, zult u zien dat hij niet uw vijand of tegenstander is.

Daarom zegt Christus: "Wees niet bang voor hem die u uiterlijk verleidt, want niemand zal uw ziel verleiden. Niemand kan je kwaad doen. Wanneer je vindt dat iemand je kwaad heeft gedaan en je hem daarom haat, heeft hij je niet echt kwaad gedaan. Maar er is iets anders in je, iets anders verleidt je."

In momenten van woede vraag je God: "God, haat Jij ook de man die ik haat?"

Op deze momenten, vraag God:

"Mijn God, haat U deze man die ik haat?"

En Christus zal je vertellen:

"Nee, ik heb hem vergeven. Niet alleen toen, maar ook nu vergeef ik iedereen en houd ik van iedereen."

"Maar hoe kan dat, Heer? Hoe kunt U van hem houden?"

En God zal je antwoorden:

"Ik zie andere dingen. Dingen die jij, mijn kind, nog niet hebt gezien. Ik zie dat hij ook veel lijdt. Ik zie dat hij dit niet deed omdat hij slecht is, maar omdat hij bang is en zichzelf beschermt."

"Maar wat bedoelt U, bang, mijn God? Hij heeft me zoveel kwaad gedaan... U weet hoeveel leed hij me heeft aangedaan. Ik verloor mijn plaats door hem. Hij nam wraak op mij, ging naar de rechtbank..."

"Ja," zegt de Heer, "maar geloof me, als je de angst van zijn ziel kon zien, de verwarring van zijn hart, de onrust van zijn geweten, dan zou je hem niet haten. Je zou van hem houden. Je zou voelen wat genade heet. Hij, mijn kind, heeft je liefde nodig. Hij heeft steun nodig, geen wraak. Leer te 'wreken' zoals God jou 'wreekt'. Hij 'wreekt' zich niet, maar reageert altijd met liefde en dat is ontwapenend."

Zelfs iemand die je niet aanstaat, is je vriendelijkheid en vergeving waard

Begrijp, zelfs iemand die je niet aanstaat, is je vriendelijkheid en vergeving waard. Alleen zijn we onoprecht. En in plaats van onze pijn te tonen, doen we vaak nare dingen. Maar er zijn geen slechte mensen, begrijp je. Je hoeft alleen maar op de juiste toets in de ziel van de schurk te drukken en er klinkt een liefdesmelodie uit. Je lijkt op de verkeerde toets te drukken, en zo ontstaat er een kakofonie; je hoort hysterische stemmen, schelden, kwinkslagen. Maar in deze persoon schuilt een prachtige wereld die we nog niet hebben kunnen openbaren, zichtbaar hebben kunnen maken voor de mensen om ons heen. Ik weet dat het moeilijk is. Het is moeilijk omdat we zelf niet veel liefde in ons leven hebben ervaren. Ik stel u voor om van een ander te houden en u zegt: "Hoe kan ik van hem houden, als ik zelf nauwelijks liefde heb ervaren in mijn leven?" En zo zijn de meesten van ons: we hebben de liefde vervangen door onze eigen persoonlijke behoeften.

Een man sprak ooit woorden die een sterke indruk op me maakten:

"Ik houd echt van een meisje, ik respecteer haar, ik bewonder haar en ik wil echt bij haar zijn."

"En wat doe je daarvoor?" vroeg ik hem.

"Niets. Ze zal zelfs nooit van mijn gevoelens afweten."

"Waarom niet?"

"Omdat ze van iemand anders houdt. En omdat ik van haar houd, zeg ik niets over mijn gevoelens tegen haar en zal ik nooit in haar leven binnendringen. Nu we afstuderen aan de universiteit wil ik dicht bij haar komen, met haar praten, voorstellen om een gezin te stichten. Maar toen ik besefte dat ze aan iemand anders dacht, liet ik haar met rust. Ik houd van haar en daarom praat ik niet met haar. Ik houd van haar en daarom vermijd ik haar."

Dat is wat je liefde noemt! Denken aan het welzijn van degene van wie je houdt. En aangezien het in dit geval het goede is om het hart niet te verstoren, om die speciale weg te respecteren waarin men wenst te gaan, brengt de liefde je ertoe om ondenkbare dingen te doen, om je liefde om te zetten in een traan, in een parel, in een pijn die het water van het leven afvoert en je hart wast met goddelijke genade. En ook al lijkt het alsof je je liefde niet toont en je het niet laat zien, je liefde wordt eigenlijk dieper. Je wordt een persoon die uiterst ontvankelijk en oprecht is, poëtisch en eerlijk. En op een dag zal het beloond worden. Er is geen twijfel mogelijk!

2. Liefde is jezelf overwinnen

Liefhebben is verlangen naar het welzijn van een ander
Liefde en vrijheid zijn altijd samen

"Ik houd van mijn kind", zegt een moeder. Ze belt hem vijfhonderd keer per dag. "Ik doe het uit liefde, om te weten te komen hoe het met hem gaat, waar hij is." Maar dat is niet waar. In feite kan ze er niet tegen als haar kind haar verlaat. Ze kan er niet tegen als haar kind uit haar zicht glipt en zich openstelt voor zijn eigen leven. "Met wie ben je? Waarom duurde het zo lang? Wat hoor ik om je heen? Wie praat daar? En wie is dat meisje?" Dit is pure achterdocht en een morbide houding. En natuurlijk is het geen liefde. Want liefde is opoffering. Het is "Ik wil dat je je vleugels uitslaat, ik wens je het beste."

"Hij moet groeien, maar ik moet verminderen" (Johannes 3:30), zei de heilige Johannes de Doper toen hij de Heer zag. Ik houd van de Heer. En omdat ik hem liefheb, zal ik me niet schamen om op afstand van hem te staan. Want waar ik ook ga, er komt zulk licht van Hem dat er geen afstand of schaduw meer is. En ik zal altijd in het licht staan zolang ik van Hem houd. Dus ik ben bereid overal heen te gaan en te zijn waar Hij me plaatst. Ik verheug me in Hem die ik liefheb. Ik houd van hem, ook al lijk ik te vervagen en te verdwijnen. Ik houd van hem en vanuit de verte voel ik het in mijn hart. Ik laat ruimte voor de ander om te ademen, te bewegen en zich vrij te voelen. Het stoort me niet als hij met anderen praat. Het overweldigt me niet, het brengt me niet in verlegenheid, ik ben niet jaloers of gekweld.

Weet je wat dat met een persoon doet? Hij zal meer van je houden en zich niet van je vervreemden. Waarom? Omdat je het hem liet doen. En als je een man de kans geeft om afstand te nemen, doet hij dat niet. Als je hem met geweld en aandrang naar je toe trekt, bereik je het tegenovergestelde. Weet je wat ik bedoel? Dat is wat er gebeurt in onze relaties met verschillende mensen. Je ziet het in je eigen relatie. U zegt: "Ik ben jaloers op mijn man, ik kan niet, ik lijd…" Maar als je van hem houdt, kijk dan naar jezelf en vind eerst je eigen schoonheid, die zal je vervullen met een gevoel van veiligheid en vrede. En leer dan echt van je man te houden, bid voor hem en voel wat hij voelt. Dat wil zeggen, vraag jezelf voortdurend af: bevalt hem wat ik nu doe? Ik val hem nu lastig, ik vermoei hem, ik zet hem onder druk, is dat prettig voor hem? Het feit dat ik een zielenknijper (of handhaver) word, is dat aangenaam voor mijn man (of mijn vrouw)?

Als je het Evangelie leest, lees het dan niet formeel. Maar vraag jezelf voortdurend af: waar ben ik in wat hier gezegd wordt? Wat is relevant voor mijn leven? Christus zegt: "En zoals gij wilt dat de mensen tegen u doen, doe dat ook tegen hen" (Lucas 6:31). Breng deze waarheid van Christus in je leven en denk na: zou je het leuk vinden? Zou je het bijvoorbeeld leuk vinden dat telkens als je gaat wandelen en een praatje maakt met een vriend, je je leven een beetje leeft of wanneer je alleen gaat wandelen, het gevoel te hebben dat je voortdurend in de gaten wordt gehouden en van iets wordt verdacht? Waarom ga je daarheen? Waarom laat je me achter? Er is iets wat je me niet vertelt… Waarom ben je stiekem aan het bellen? Waarom heb je je rug daarheen gekeerd? Waarom onderbrak je het gesprek? Verdenking, verdenking, verdenking... Maar zo bereik je niets. Liefde en vrijheid gaan altijd samen.

Zeg: "Ik houd van je en geef je vrijheid, want dat is wat God doet."

Zeg: "Ik houd van je en geef je de vrijheid om te doen wat je wilt." En de persoon zal je antwoorden: "Dat is echte liefde! Je behandelt me zo goed dat ik bij je wil zijn omdat je me respecteert!"

In ieder geval, dat is wat God doet. Hij respecteert ons op elk moment van ons leven. Hij geeft ons bewegingsvrijheid en neemt geen wraak op ons. Hij staat toe dat je je zonde begaat, dat je afstand van Hem neemt, en wat zegt Hij tegen je? Elke dag komt de zon op en schijnt op de hele wereld! De zon is liefde, nietwaar? Elke dag, als de zon opkomt, is het alsof God opnieuw tegen je zegt: "Ook vandaag ben ik vol liefde voor jou. Ik geef je een nieuwe dag. Niet alleen om je ontbijt op te eten en je dag in vreugde te beginnen, enzovoort, maar om het te aanvaarden en na te denken: het feit dat ik vandaag nog leef, betekent dat God van me houdt. Ik, die gisteren verdronk in mijn egoïsme, woede, jaloezie, wraakzucht, nieuwsgierigheid en oordeel. Ik deed veel dingen die mijn narcisme bevredigden, mijn egoïsme, mijn ondeugden. En desondanks liet Christus zijn zon weer schijnen en zag ik licht en een nieuwe dag!

Wat zegt Christus met dit alles? "Ook vandaag houd ik van je. Laat gisteren zijn wat het was, maar vandaag geef Ik je de kans om je keuze opnieuw te maken." Christus zegt: "En wanneer het regent, maakt het geen onderscheid en valt het op de goeden en op de slechten. Hij geeft alles water. Hij bevloeit alle huizen, alle weiden. De regen valt op alles en iedereen. Zie je wel?" "Wees barmhartig, zoals uw Vader barmhartig is" (Lucas 6:36). Dat wil zeggen, heb genade, mededogen en liefde voor iedereen, vriendelijkheid en begrip. Wat een prachtige kwaliteiten zijn dat!

Liefde doet nooit pijn

Je zei ooit tegen me: "Ik ben gewond door de liefde. Ik werd verliefd en raakte gewond." Ik weet niet of je nog weet wat ik je heb verteld? Niet van mezelf, maar van mijn levenservaring en van wat ik heb gelezen en gezien: de liefde zelf doet nooit pijn. Liefde is leven. Liefde is het licht en de adem van ons hart. Het is de krachtige circulatie van ons bloed. Als je liefhebt, voel je het bloed naar je hersenen stromen, naar je hart, naar je cellen. Je bent vervuld van leven als je liefhebt. Liefde doet je geen pijn. En ondanks dat geloof ik je als je zegt dat je 'gewond' bent. Maar niet door liefde. Maar door de onvervulde hoop dat ook jij bemind zult worden als je hebt liefgehad, dat ook jij beloond zult worden met wederzijdse liefde. Dus je was gewond, verwachtend wat je niet kreeg. Dit is wat je pijn deed."

Als je beseft dat liefde, ware liefde, geen beloning vraagt, zul je niet zo verdrietig zijn. Je wordt rustig als je vergelding krijgt en ook als je die niet krijgt. Als je liefde wordt beantwoord, zul je je goed en gelukkig voelen (en dat is natuurlijk de beste manier!). Maar als deze onbeantwoord is, lijd jij er ook niet onder. Ik wil niet onbewogen, onverschillig en hard zijn. Ik wil niet dat het je uitmaakt of je geliefd bent of niet. Je bent een mens en het is natuurlijk voor een mens om zich te verheugen als hij geliefd is. Bijvoorbeeld, je hebt een heerlijke maaltijd gekookt en je wilt horen: "Wat heerlijk!" Je verheugt je er niet alleen over dat je geprezen wordt voor het eten dat je hebt klaargemaakt, maar je voelt dat je onder dit voorwendsel - dankbaarheid voor het eten - ook geliefd bent. Door eten vraag je om liefde, je wilt geven om te ontvangen. En zonder dankbaarheid te ontvangen, lijd je. Dit gebeurt vaak en bij vele gelegenheden. "Zie je, hij keek me niet aan! Kijk, hij praatte niet eens met me! Jammer dat hij niet reageerde, dat betekent dat hij niet van me houdt!"

Voel je acute pijn als niemand van je houdt? Het is omdat je je nog niet geliefd voelt door God...

Wat is er aan de hand? Waarom voel je zoveel pijn als niemand van je houdt? Ik denk dat het komt omdat we ons nog niet geliefd hebben gevoeld door God. Als we voortdurend de streling, de aanraking van Christus op ons hart zouden voelen, zou alles anders zijn. Stel je nu in je geest, in je hart, als een soort speculatief schema, voor dat je hart door Christus in Zijn handen wordt gehouden. Of dat Christus je met zijn handen aanraakt, je hart voortdurend streelt. Hij streelt het zachtjes en zegt: "Ik ben hier, ik ben hier. Ik houd van je, ik houd van je. Ik accepteer je. Ik zeg jullie dat jullie waardevol zijn voor Mij, omdat Ik jullie deze waarde geef, want Ik heb jullie geschapen. Ik geef om je. Ik houd heel veel van je en ik wil je uit de grond van mijn hart steunen in je leven en je alle geschenken blijven geven die ik je geef. Ik ben altijd bij je, altijd."

Kun je het voelen? Wanneer je voelt dat dit alles van Christus komt en je ziel voedt, dat je Zijn geliefde persoon bent, een geliefd schepsel van God, dan zul je veel meer vervuld zijn van liefde, je ziel zal overlopen en het vat van je hart zal ook overlopen! Het kan je niet meer schelen of anderen je liefde en erkenning geven om je ziel ermee te vullen. Je ziel zal gevuld zijn. En wanneer mensen je liefde betonen, zul je zeggen: "Ik ben u zeer dankbaar, u zult blij zijn met broederlijke liefde en gemeenschap met anderen." Je zult genieten van het gezelschap, de warme blik en kus van een ander, hun omhelzing. Je zult je in dit alles verheugen, omdat je menselijk bent. Maar je zult de prachtige gelegenheid en het voorrecht hebben om je niet te schamen als je geen liefde krijgt, omdat je hart en je geest gefixeerd zullen zijn op de uitzonderlijke waarde die Christus je geeft. En je zult in jezelf de stem van Christus horen die tegen je zegt: "Ik houd van je. Ik houd van je." Uw Schepper, de God die volkomen onbaatzuchtig is, de Christus wiens liefde en oprechtheid in Zijn houding tegenover ons onmiskenbaar is, die ons kan redden en levend kan maken!

Je wilt dat mensen van je houden omdat je menselijk bent. Dat wil je terecht. Maar verwacht niet veel van hun liefde, want op een gegeven moment houdt het op. Op een gegeven moment wordt de ander moe. Uw man staat 's morgens op, gaat naar zijn werk en u bent hem lange tijd kwijt. Sommige jonge mensen die net getrouwd zijn, hebben me gezegd: "Ach, wat missen we de liefde! We gaan uit elkaar, we zien elkaar 's avonds laat, we zijn de hele dag uit elkaar." Zie je wel? Natuurlijk is het mogelijk lief te hebben en de liefde van een ander te voelen, maar het is onmogelijk zonder God voortdurend de gemeenschap te voelen die je waarde geeft. En hier is God zelf de hele dag en nacht bij je en maakt je levend. En als je 's nachts wakker wordt en je verlangt naar tederheid, warmte, je wilt praten, zie je je man naast je, zie je je vrouw, maar je kunt je gevoel niet delen met je naaste, omdat hij of zij slaapt. Maar dan gaan er minuten voorbij en durf je degene van wie je houdt wakker te maken. Je vraagt: "Zeg me, houd je van me?" En je hoort het antwoord: "Ben je gek, kijk op je horloge! Kijk hoe laat het is en je vraagt me of ik van je houd! Oké, ik houd van je, ik houd van je, maar laten we gaan slapen! Ik moet om zeven uur weer opstaan!" Zie je wel? Hij houdt van je, maar hij kan je dat niet vertellen als je hem om twee of drie uur 's nachts wakker maakt. En God vertelt je altijd over zijn liefde. Gods liefde is de liefde die je waarde geeft, ze is altijd aanwezig in je leven.

Als de deur dichtslaat, als je man "Dag!" tegen je zegt en weggaat, of als jij afscheid van hem neemt en de deur achter je dichttrekt en het huis verlaat, naar je werk gaat en de kinderen naar school stuurt, dan is die liefde en die genegenheid altijd bij je.

Als je dat zou voelen, zou je je als een koning voelen. Een rijke heerser en een belangrijk persoon, een uitzonderlijk persoon. Niet egoïstisch, maar met het gevoel: ik ben een kind van de Koning van de Hemel! Ik ben een kind van God en een schepsel van de liefde van Christus. Ik heb waarde. En als iedereen op me spuugt, me begint te haten, me kwaad toewenst, mijn God, Hij houdt nog steeds van me. Ik ben geliefd door degene die het waard is van mij te houden. Degene wiens liefde onmiskenbaar en waar is, die mij in dit leven houdt en leven geeft. Als je dit begrijpt, zul je niet zo snel gewond raken, je zult je niet tevergeefs zorgen maken. Je zult je gedachten richten op de geliefde Heer, de geliefde Christus. Je zult de liefde van Christus in je hart voelen en geen menselijke liefde zal je in verwarring brengen, als je het krijgt en ook als je het niet krijgt. Weet je hoe mooi dat is! En dan zal het wonder gebeuren: je zult ook de menselijke liefde gaan aantrekken, omdat je een vrij man wordt. Je zult niet langer nerveus en vervelend, angstig en depressief zijn. Je zult aangenaam zijn voor iedereen.

Er is geen liefde zonder risico

Ik ken een moeder die veel van haar kinderen houdt. Ze mist ze zo erg, maar een heeft een motor en is altijd weg van huis en pas laat terug; nog een reist; een derde gaat op bedevaart; een andere dochter wil het ene, een andere zoon doet het andere... Deze moeder houdt zoveel van haar kinderen en ze zou graag eindeloze uren aan hun zijde doorbrengen! Ze heeft hun zoveel te geven en te vertellen. Maar ze houdt liever van ze en respecteert ze. Ze waardeert hun keuzes ten zeerste! Haar alomvattende liefde heeft me zoveel geleerd.

Je hebt gelijk. Ik heb het specifiek over jou. Ja, ik praat nu tegen je. Twijfel niet en stel jezelf niet te veel vragen. Soms luister je naar me en denk je: heeft hij het echt over mij? En je zegt tegen jezelf: nee, hij bedoelt mij niet, want ik ben niet zo aardig, ik ben niet zo nederig... Ja, ik bedoel wel jou! Dit geschenk van jou heeft me echt geraakt en me veel geleerd. Ik herinner me hoe je je kind een motor liet kopen, ook al wilde je dat in je hart echt niet. Je maakt je de hele tijd zorgen over wat er met hem zal gebeuren, maar je beseft dat liefde gaat over overwinnen. Er is geen liefde zonder risico. Er bestaat niet zoiets als alles weten in het leven.

Zeg: "Ik kan mijn kind niet onder druk zetten en achtervolgen. Ik blijf gewoon van hem houden."

Liefde is een sprong in het diepe. Het is wanneer je zegt: "Wat kan ik doen! Ik vertel het hem en ik vertel het hem, maar hij wil me niet horen! Wat kan ik voor mijn kind doen? Het enige wat ik kan doen is van hem blijven houden! Ik kan mijn kind niet pushen en hem achtervolgen. Ik blijf gewoon van hem houden!" En het is als een onzichtbare sluier van liefde, als een warme deken van delicate zorg. Het bedekt, onzichtbaar maar essentieel, de ziel van het kind. *En het kind voelt het. Hij voelt de liefde. De liefde die je het geeft. Het is de beste investering, de beste tactiek.*

Ik kan zelf niet tegen de druk. Ik kan mensen niet onder druk zetten en ik kan er niet tegen onder druk gezet te worden. Ik kan de druk vanaf de zijlijn niet aanzien. Het maakt me echt van streek. "Wij, vader, zijn allemaal samen naar de kerk geweest." Deze woorden worden door de ouders met trots uitgesproken, maar als je goed naar de gezichten van de leden van dit gezin kijkt, zie je dat de helft van hen gelukkig is en de rest neerslachtig en geërgerd. Omdat ze naar de kerk gingen als gevolg van misbruik. En dat is geen liefde meer. "Maar vader, waarom zegt u dat? Naar de kerk gaan is iets heiligs en u zegt dat ik mijn kinderen niet naar de kerk mag brengen!" "Inderdaad," zeg ik, "maar God respecteert ook de keuze van een mens voor zijn oneindige liefde."

Wanneer de zondagmorgen aanbreekt en niemand van het grote flatgebouw naar de kerk gaat, ontneemt de Heer dat stadsblok het licht niet. Hij geeft de mensen weer licht. Hij valt weer op ze neer. Zijn gaven houden niet op. God neemt geen wraak, maar Hij heeft lief, omdat deze mensen ook bij God blijven. Let op wat ik u nu ga vertellen: mensen hebben geen problemen met God. Ze hebben grote problemen met mij, met jou, met onze wederzijdse grieven, druk en ergernissen.

"Maar ik zei het voor zijn bestwil! Maar ik zeg hem voor zijn eigen bestwil te vasten en ik doe heimelijk wijwater op hem en ik doe heimelijk een tegengif op hem en hij gooit het weg en zegt: 'Haal het weg, ik kan er niet tegen!' Wat heb ik verkeerd gedaan? Het was allemaal uit liefde!" Heb je het uit liefde gedaan? Waarom dan al die drukte in huis als je het uit liefde deed? Heb je ooit gedacht: misschien heet jouw liefde alleen maar liefde, maar heeft ze niet de kenmerken van liefde? Het is niet genoeg om een bordje met 'liefde' in je hand te houden. Liefde moet uit het hart komen, maar het lijkt erop dat uit jouw hart slechts onverschilligheid komt. Liefde is geen onverschilligheid. Liefde is respect en vrijheid.

Ik heb het al gehad over de moeder die haar kind een motor liet kopen. Deze moeder is niet onverschillig, nee! Ze houdt veel van haar zoon en wikkelt hem in haar gebed. Ze laat hem gaan. Ze bekleedt hem met haar gebed en liefde. En in dat uur, als ze tegen hem zegt: "Ga weg!", stralen er golven van haar af. Golven van liefde, warmte, vriendelijkheid en gebed. Ze doet het, zogezegd, als God. Omdat haar gedrag goddelijk is. Dat is de weg van God. Je loopt van Hem weg, maar de zon van God begint in je hart te schijnen.

God zegt: "Ga! Ik zal je warmte geven zodat je gesust wordt en ophoudt je te verzetten, zoals de herder in het verhaal van Boreas en de zon." Weet je nog hoe de zon en Boreas een weddenschap aangingen om te zien wie van hen sterker was en de jas van een herder kon uittrekken? Dus begon Boreas te blazen en hoe harder hij blies, hoe meer de herder ineenkromp en steeds meer in zijn kleren geklemd raakte. Hij verzette zich. Hoe meer je kou creëert in de ziel van de ander, hoe meer hij zich verzet en je tegenspreekt. En als je liefde uitstort, verandert alles. Wat zegt het verhaal verder? Dat na Boreas de zon kwam en scheen! De herder kreeg het warm en trok zijn jas uit.

Houd van jezelf en je zult van je broer houden
Dat is liefde. Het is moeilijk. Dus, luister nu naar wat je moet doen en dan maken we het af. Wat? Houd van me! Dat is het eerste. Weet je waarom? Omdat ik het gevoel heb dat ik vandaag gefaald heb. Maar als ik weet dat je van me houdt, voel ik me beter. Weet je, ik heb ook onzekerheden. We hebben ze allemaal. We vragen ons altijd af: zijn we geliefd? Zijn we in orde? Worden we geprezen of niet? In de kern zijn we allemaal en altijd een kind.

Zelfs een priester, als hij een luciferhoutje snijdt en het aan iemand laat zien, wil een vriendelijk woord horen: "Wat hebt u dat goed gedaan, pater! Het is gewoon prachtig, ik vind het zo mooi!" Dit heet aanmoediging. Het is geen egoïsme. Een streling is geen egoïsme, een streling brengt je naar de ziel van een ander. We vervangen soms concepten, we worden bitter en we noemen deze roekeloosheid ascese. We gedragen ons ongenaakbaar en we noemen deze ongenaakbaarheid nuchterheid. We zijn 'soberheid en het gebed zelf', maar in werkelijkheid zijn we ongenaakbaar en hardvochtig. Een man komt naar ons toe. Hij wil ons aanraken, maar het is als het aanraken van de doornen van een cactus. En hij loopt weg. Wetende dat ons uiterlijk en gedrag zijn als de doornen van een cactus. We veronderstellen dat dit ons de grote asceten maakt, de ouderen van onze tijd. Nee, het is geen liefde. Het is ook geen ascese.

Een asceet is een lieve man. Tegenover zichzelf is hij ascetisch, maar tegelijkertijd houdt hij van zichzelf. "Heb uw naaste lief als uzelf" (Matteüs 22:39), zegt Christus. Heb je naaste lief als jezelf. Er staat hier geen werkwoord, maar het is geïmpliceerd. Waar gaan deze woorden over? Houd van je broer zoals je van jezelf houdt. Heb je hierop gelet? God wil dat je van jezelf houdt. Elders zegt Hij natuurlijk om je eigen ziel te haten. Wat wordt daarmee bedoeld? Dat je de hartstochten van je hart moet haten, de woede die in je leeft. Dat is je egoïsme zien en het haten. Maar het betekent niet dat je jezelf moet haten. Je bent zelf wat God geschapen heeft. En God heeft geen egoïsme geschapen. God heeft je geen kwaad gegeven. God heeft jou je zwakheden niet gegeven. Ze zijn ontstaan tijdens je opgroeien, je opvoeding, je mars door het leven, ze zijn gegroeid uit alles wat je hebt meegemaakt. Met andere woorden, om je broeder lief te hebben als jezelf, moet je eerst van jezelf houden.

Nu iets anders en ik sluit af. Denk aan die mensen die je, om welke reden dan ook, niet mag, die geen speciale plaats in je hart hebben. Soms zeg je tegen mij: "Die persoon heeft zich slecht tegen mij gedragen en ik koester daarom een wrok tegen hem. Denk aan die mensen in je leven: je schoonfamilie, je schoonmoeder die praatziek was, zich met je gezinsleven bemoeide en zich niet aan haar beloftes hield. Of denk aan je schoonzus die tegen je gepraat heeft. Denk aan hen. Die zijn er toch wel? Misschien zijn het een, twee of drie mensen. Denk erover na en leg ze in je hart. En voel je hart hen omarmen, hen diep nemen, hen tot je gezelschap maken, hen naar God brengen en hen achterlaten in Zijn aanwezigheid en licht en zeggen: "Heer, deze mensen, deze persoon..." Je kunt het niet uitspreken, hè? Het is moeilijk voor je, maar je weigert niet. Probeer het, hoe moeilijk het ook voor je is. Neem deze persoon en zeg tegen God: "Mijn God, wees hem genadig, help hem. Maar help mij eerst, bittere man." Zeg dan: "Ik kan niet van hem houden! Vertel me, Christus, hoe voelt U zich over hem? Help me, o Christus, hem lief te hebben zoals U van hem houdt! Omdat U, Heer, van hem houdt, nietwaar?"

Christus spreekt weer geen woord. Ik ben geroerd door deze stilte van Christus. Christus zwijgt omdat Hij weer aan het kruis staat. Hij kijkt ons zwijgend aan. Nu spreekt Christus niet, maar ik herinner me hoe Hij toen aan het kruis zei: "Vader, vergeef het hun" (zie: Lc 23:34). En aan het kruis straalde Hij liefde uit. In de laatste momenten van Zijn leven werd al onze woede op Hem verzameld. Wij brachten al onze woede naar Hem en Christus antwoordde met liefde, vergeving, vriendelijkheid en goedheid. Doe hetzelfde met jezelf. Zeg: "Christus, mijn God, degene die mij kwaad heeft gedaan, degene die mij onrecht heeft aangedaan, degene die mij heeft gescheiden, degene die mij pijn heeft gedaan - wat hij mij ook heeft aangedaan, zelfs het meest verschrikkelijke... Ik vraag U mij te helpen, zodat mijn hart wordt als het Uwe. En geef allen die mij gekwetst en geschaad hebben de gaven van Uw liefde. Geef ze gezondheid, geef ze vreugde, geef ze vriendelijkheid, geef ze vrienden en vriendinnen, geef ze een mooi leven. Neem geen wraak op iemand, Heer. En als ik mijn boosdoener heb vervloekt en heb gewenst dat hem iets ergs zou overkomen en weet dat hem iets is overkomen en mij in mijn ziel verheug, dit alles, o Heer, verander! Verander me, Heer, maak mijn hart als het Uwe, leer me lief te hebben zoals U liefheeft. Anders ben ik geen christen. Anders zelfs als ik alles doe, als ik over alles kan praten, kerkelijke thema's kan bespreken, dogmatisch, hagiografisch, monastiek, als ik mooi spreek, maar het niet doe - hoe kan ik dan voor U verschijnen? Wat zal ik zeggen? Wat zal ik zeggen als ik niet leer liefhebben?"

Wanneer iemand je van streek maakt, roep dan die persoon die je gekwetst heeft in je gebed aan en vraag om zijn gebeden

Doe ook iets anders. Wanneer iemand je van streek maakt, roep dan in je gebed de persoon aan die je gekwetst heeft en vraag om zijn gebed dat het beter met je zal gaan. Doe wat de heilige Zosima deed toen hij erachter kwam dat iemand hem beschuldigd had. En weet je wat degene die hem beschuldigde een paar dagen eerder zei? "Vader Zosima, ik houd heel veel van u." En Vader Zosima zegt tegen hem:

"Je houdt nu van me, omdat alles tussen ons goed is. Maar als er iets vreemds gebeurt, houd je dan van me?"

"Dan, vader, weet ik het niet."

"Ik, mijn kind, zal van je houden, wat je me ook aandoet! En niet alleen nu dat je van mij houdt en ik van jou, maar ook in de toekomst, als je verandert ten opzichte van mij, zal ik van je blijven houden."

En zo gebeurde het. De man belasterde de heilige Zosima en zei nare dingen over hem. De heilige Zosima kwam erachter, maar zijn hart veranderde niet. Hij bleef hem liefhebben. En toen de heilige op een dag een pijnlijk oog had, weet je wat hij deed? Hij kruiste zijn oog en zei: "Christus, door de gebeden van mijn broer die mij belastert, genees mijn oog." En de liefde verrichtte een wonder: het oog werd gezond.

Waarom vechten? Waarom niet vergeven? We zijn dwazen! Het is dwaas om niet van een ander te houden

Doe hetzelfde en het komt goed. Want soms maken wraakzucht, haat, schelden en wrok ons ziek. Artsen zeggen voortdurend dat kanker en diverse andere aandoeningen, zoals maagzweren, maagbloedingen en een hoge bloeddruk, worden veroorzaakt door mentale spanning. Wat is mentale spanning? Het heeft haar oorsprong in een gebrek aan liefde. Je voelt in de ander je vijand. Je voelt niet dat je één bent, dat we allemaal één zijn. We zijn geen vijanden. Waarom moeten we scheiden? Waarom de scheiding? Waar ben jij en waar ben ik over honderd jaar? Waar zullen we allemaal zijn voor God? Waarom dan ruziemaken? Waarom niet van elkaar houden? Waarom niet vergeven? We zijn dwazen! Een ander niet liefhebben is dwaasheid. Maar liefhebben is grote intelligentie, wijsheid en heiligheid. Liefhebben is goddelijk.

Archimandriet Andreas (Konanos)
Laat God spreken: uit de gesprekken van Griekse geestelijken
Oorspronkelijk vertaald uit het Nieuwgrieks
door Alexandra Nikiforova
Moskou: Sretensky-klooster, 2015
21 januari 2016

HOE KUN JE VANDAAG DE DAG ORTHODOX-CHRISTEN ZIJN?

Hiëromonnik Serafim (Rose)

Alles is nu anders geworden. Onze orthodoxie is een eiland te midden van een wereld die volgens geheel andere beginselen leeft en elke dag veranderen deze beginselen ten kwade waardoor wij er meer en meer van vervreemd raken. Het doel van deze uiteenzetting is te laten zien hoe de mensen van vandaag kunnen beginnen hun wereldbeeld waardevoller en uiteindelijk volledig orthodox te maken.

Leven in orthodoxie en de moderne wereld

In de voorbije eeuwen, zoals in Rusland van de 19e eeuw, maakte het orthodoxe wereldbeeld deel uit van het orthodoxe leven en werd het gesteund door de omringende realiteit. Het was niet eens nodig om er als iets bijzonders over te spreken - iedereen leefde een orthodox leven in harmonie met de omringende orthodoxe maatschappij. In vele landen beleed de regering zelf de orthodoxie. Zij was het centrum van het openbare leven en de tsaar of heerser was historisch gezien de eerste orthodoxe leek wiens plicht het was om een voorbeeld van christelijk leven aan zijn onderdanen te geven.

Er waren orthodoxe kerken in elke stad en in vele daarvan werden dagelijks ochtend- en avonddiensten gehouden. Er waren kloosters in alle grote steden, in vele kleinere steden daarbuiten, in dorpen, op afgelegen en verlaten plaatsen. Er waren meer dan duizend officieel geregistreerde kloosters in Rusland, andere gemeenschappen niet meegerekend. Monnikendom was een geaccepteerd deel van het leven. In de meeste gezinnen was wel iemand - een zuster of een broer, een oom, een grootvader, een familielid - monnik of een non, om nog maar te zwijgen van andere voorbeelden van het orthodoxe leven zoals zwervers en in Christus vervreemde dwazen. De hele manier van leven was doordrongen van orthodoxie, waarvan het monnikendom natuurlijk het middelpunt vormde. Orthodoxe gebruiken maakten deel uit van het dagelijks leven. De meeste boeken die overal gelezen werden waren orthodox. Het dagelijks leven zelf was voor de meeste mensen zwaar. Zij moesten hard werken om rond te komen, de hoop op het leven was gering, de dood was niet ongewoon - dit alles werd versterkt door een onderricht van Christus over de realiteit en intimiteit van de andere wereld. In dergelijke omstandigheden betekende een orthodox leven hetzelfde als een orthodoxe levensbeschouwing hebben en er heerste onder de mensen weinig behoefte om erover te praten.

Tegenwoordig is alles anders geworden en veranderd. Onze orthodoxie is een eiland te midden van een wereld die volgens totaal andere beginselen leeft en elke dag veranderen die beginselen ten kwade waardoor wij er meer en meer van vervreemd raken. Veel mensen zijn geneigd hun leven in twee categorieën in te delen: het leven van alledag op het werk, met wereldse vrienden, in wereldse zaken en de orthodoxie, waarnaar wij leven op zondagen en andere dagen van de week wanneer wij er tijd voor hebben. Maar als wij beter kijken, is het wereldbeeld van zo iemand vaak een vreemde combinatie van christelijke en seculiere waarden die niet echt samengaan. Het doel van dit verslag is te laten zien hoe de mensen van vandaag kunnen beginnen met het waardevoller maken van hun wereldbeeld om het volledig orthodox te maken.

Orthodoxie is het leven. Als wij niet orthodox leven, zijn wij eenvoudigweg niet orthodox, ongeacht tot welk geloof wij formeel behoren.

Het leven in onze moderne wereld is zeer kunstmatig geworden, zeer onzeker, zeer verwarrend. De orthodoxie heeft inderdaad een eigen leven, maar zij staat ook niet zo ver af van het leven van de wereld om haar heen en daarom kan het leven van een orthodoxe christen, zelfs wanneer hij werkelijk orthodox is, niet anders dan er op de een of andere manier een afspiegeling van zijn. Een zekere dubbelzinnigheid en verwarring is nu zelfs in het orthodoxe leven doorgedrongen. Laten wij proberen ons leven van vandaag te bekijken om te zien hoe wij onze christelijke verplichtingen beter kunnen nakomen, een leven kunnen leiden dat niet van deze wereld is, zelfs in deze vreselijke tijden, en een orthodoxe kijk op ons leven van vandaag kunnen hebben die ons in staat stelt in deze tijden te overleven en ons geloof te behouden.

Het leven van vandaag is abnormaal geworden

Wie ons huidige leven bekijkt in het perspectief van het normale leven dat de mensen vroeger leidden - bijvoorbeeld in Rusland of Amerika of in welk West-Europees land dan ook - kan niet anders dan verbaasd zijn over hoe abnormaal het leven nu is geworden. Het begrip en de notie van gezag en gehoorzaamheid, fatsoen en beleefdheid, gedrag in de maatschappij en het privéleven: alles is drastisch veranderd en ondersteboven gehaald, behalve binnen een paar selecte groepen die meestal christenen zijn van de een of andere denominatie, die proberen te behouden wat zij de 'ouderwetse' manier van leven noemen.

Ons abnormale leven vandaag de dag kan worden omschreven als verdorven en verwend. Van jongs af aan wordt het moderne kind behandeld als een familiegod: zijn grillen worden bevredigd, zijn wensen worden vervuld, het wordt omringd door speelgoed, vermaak, gerieflijkheden, het wordt niet onderwezen of opgevoed volgens de strikte beginselen van christelijk gedrag, maar men laat het toe zich te ontwikkelen in de richting waarin zijn verlangens neigen. Het is gewoonlijk voldoende dat hij tegen zijn naasten zegt: "Ik wil" of "Ik wil niet", waarbij de plichtsgetrouwe ouders meteen door de knieën gaan en het kind toelaten de dingen op zijn eigen manier te gaan doen. Het gebeurt misschien niet 'in alle gezinnen' en niet 'continu', maar het gebeurt vaak genoeg om de regel van het moderne ouderschap te worden. Zelfs de ouders met de beste bedoelingen kunnen deze invloed niet helemaal vermijden. Zelfs als ouders proberen hun kind streng op te voeden, proberen de buren iets anders te doen. Hiermee moet rekening worden gehouden bij de opvoeding van een kind.

Wanneer zo iemand opgroeit, omringt hij zich van nature met dezelfde dingen waaraan hij van kinds af aan gewend is geraakt: voorzieningen, amusement, speelgoed voor volwassenen. Dit leven wordt een voortdurend zoeken naar 'amusement', een woord dat overigens in geen enkel ander woordenboek eerder voorkwam. In Rusland van de negentiende eeuw of in welke serieuze beschaving dan ook zou men eenvoudigweg niet begrepen hebben wat het woord betekende. Het leven is een voortdurend zoeken naar 'amusement' dat zo verstoken is van elke serieuze betekenis dat een bezoeker uit een ander negentiende-eeuws land, kijkend naar onze populaire televisieprogramma's, pretparken, reclames, films, muziek - naar bijna elk aspect van onze moderne cultuur - zou denken dat hij een land van imbecielen was binnengekomen die alle contact met de dagelijkse werkelijkheid hebben verloren. Wij beseffen ons dit vaak niet omdat wij in deze maatschappij leven en het als een gegeven aanvaren.

Sommige recente geleerden van ons hedendaagse leven hebben de jeugd van tegenwoordig de 'ik-generatie' genoemd en onze tijd het 'tijdperk van narcisme' dat gekenmerkt wordt door zelfaanbidding, hetgeen de ontwikkeling van een normaal menselijk leven in de weg staat. Anderen spreken van een "plastisch" universum of fantasiewereld waarin zoveel mensen vandaag leven die niet in staat zijn om de realiteit van de wereld rondom hen onder ogen te zien of zich eraan aan te passen, of om hun innerlijke problemen aan te pakken.

Wanneer de 'ik-generatie' zich tot religie wendt, wat de laatste decennia vaak het geval is, is dat meestal een 'plastische' of fantasie-achtige vorm van 'zelfontplooiingreligie' (waarbij het voorwerp van aanbidding het zelf blijft), hersenspoeling en gedachtenbcheersing, vergoddelijkte goeroes of swami's, zoeken naar ufo's en 'onaardse' wezens, abnormale geestelijke toestanden en gewaarwordingen. Wij zullen hier niet al deze verschijnselen onderzoeken, waarmee de meesten van ons waarschijnlijk zeer vertrouwd zijn, maar slechts aanstippen hoe zij het orthodox-christelijke geestelijk leven van onze tijd beïnvloeden.

Het is belangrijk dat wij beseffen, wanneer wij vandaag de dag een christelijk leven trachten te leiden, dat de wereld die onze bedorven tijd heeft geschapen, eisen aan de ziel stelt - hetzij in de godsdienst, hetzij in het wereldse leven - die als totalitair moeten worden erkend. Dit is gemakkelijk te zien in de zielsvernietigende sekten die de laatste jaren zo bekend en verspreid zijn geworden en die gehoorzaamheid eisen aan een zelfbenoemde 'heilige'. Maar het is ook even duidelijk te zien in het seculiere leven, waar men niet geconfronteerd wordt met een geïsoleerde verleiding hier of daar, maar met een voortdurende staat van verleiding in de vorm van achtergrondmuziek die overal te horen is - in warenhuizen, in instellingen, of in de vorm van uithangborden en aankondigingsborden in de straten van de stad, rockmuziek die ook de bospaden en tentsteden bereikt, of thuis waar de televisie vaak een geheime huismeester wordt die hedendaagse waarden, meningen en smaken dicteert. Als u jonge kinderen hebt, weet u hoe waar dit is. Als zij iets op de televisie hebben gezien, kan het achteraf heel moeilijk zijn om zich te verzetten tegen deze nieuwe mening die door de televisie als gezaghebbend is gegeven.

De betekenis van deze overkoepelende verleiding die de mensen vandaag de dag overvalt (heel openlijk in haar seculiere vorm en meestal meer verborgen in religieuze vormen) is deze: leef voor vandaag, geniet ervan, ontspan, voel je goed over jezelf. Achter deze betekenis gaat een andere, duistere ondertoon schuil, die alleen openlijk te horen is in officieel atheïstische landen, die in dit opzicht een stap verder zijn dan de vrije wereld. We moeten ons namelijk realiseren dat wat er vandaag met de wereld gebeurt zeer vergelijkbaar is - of het nu achter het IJzeren Gordijn is of in de vrije wereld. Er zijn verschillende versies van, maar de aanvallen om onze zielen te winnen zijn zeer vergelijkbaar. In de 'communistische' landen, die een officiële leer van atheïsme hebben, zeggen zij openlijk: "Vergeet God en elk ander leven dan het huidige, verban uit de ziel alle vrees voor God en eerbied voor heiligdommen, beschouw zij die nog op de 'ouderwetse manier' in God geloven als vijanden die vernietigd moeten worden." Men zou ons Amerikaans *Disneyland* kunnen opvatten als een symbool van onze zorgeloze, pretlievende, zichzelf aanbiddende tijden. Wij mogen echter een meer sinister symbool niet over het hoofd zien dat erachter schuilgaat en dat laat zien waar de 'ik-generatie' werkelijk naar op weg is: naar de Sovjet-Goelag, de keten van concentratiekampen die reeds het leven van bijna de helft van de wereldbevolking beheerst.

Twee valse benaderingen van het geestelijk leven

Maar men kan zich afvragen wat dit alles te maken heeft met onze pogingen om, zo goed als wij kunnen, een sober orthodox-christelijk leven te leiden. Heel veel. Wij moeten beseffen dat het leven om ons heen, hoe abnormaal ook, de plaats is waar wij ons eigen christelijk leven beginnen. Wat we ook van ons leven gemaakt hebben, met welke werkelijk christelijke inhoud we het ook gevuld hebben, het draagt nog steeds een stempel van de 'ik'-generatie en we moeten nederig genoeg zijn om dat te erkennen. Dat is waar we beginnen.

Er zijn twee valse benaderingen van het leven om ons heen die velen volgen, denkend dat dit het model is voor hoe orthodoxe christenen zouden moeten handelen. Een van de meest gebruikelijke benaderingen is gewoon met de tijd mee te gaan: zich aan te passen aan de rockmuziek, de moderne mode en smaak en het hele ritme van ons jazzy moderne leven. Vaak hebben de meer ouderwetse ouders weinig contact met dit leven en leven zij min of meer apart hun eigen leven. Zij zullen glimlachen wanneer zij hun kinderen de nieuwste rage zien volgen en denken dan dat het iets onschuldigs is. Deze weg is een totale ramp voor het christelijk leven; het is de dood van de ziel. Sommigen leiden uiterlijk misschien nog een fatsoenlijk leven zonder tegen de tijdgeest te vechten, maar innerlijk zijn zij dood en stervende en, het meest trieste, hun kinderen zullen daarvoor boeten met allerlei geestelijke stoornissen en ziekten die steeds meer voorkomen. Een van de leiders van de zelfmoordcultus die zo spectaculair eindigde in Jonestown (1976) was de jonge dochter van een Grieks-orthodoxe priester. De satanische rockgroep *Kiss* bestond uit voormalige Russisch-orthodoxe jongemannen. Dit zijn slechts een paar duidelijke voorbeelden. De meeste orthodoxe jongemannen gaan niet zo ver. Zij buigen gewoon mee met de antichristelijke wereld om hen heen en zijn voor de mensen om hen heen niet langer een voorbeeld van welke vorm van christendom dan ook.

Het is niet goed. Een christen moet anders zijn dan de wereld en dat moet een van de basisdingen zijn die hij moet leren als deel van zijn christelijke opvoeding. Anders heeft het geen zin zich christen te noemen, vooral niet als het een orthodox-christen is.

De valse benadering van het andere uiterste is wat we valse spiritualiteit zouden kunnen noemen. Nu de vertalingen van orthodoxe boeken over het geestelijk leven steeds toegankelijker worden en de orthodoxe terminologie over spiritualiteit steeds meer in de lucht komt te hangen, hebben steeds meer mensen het over het Hesychasme, het Jezusgebed, het ascetisch leven, verheven gebedstoestanden en over de meest verheven van de heilige vaders zoals de Heilige Simeon de Nieuwe Theoloog, Gregorius Palamas of Gregorius de Sinaïet. Het is heel goed om van deze werkelijk verheven kant van het orthodoxe geestelijke leven op de hoogte te zijn en de grote heiligen te vereren die er daadwerkelijk leiding aan hebben gegeven; maar tenzij wij een zeer realistisch en zeer nederig besef hebben van hoever wij allen van het leven van de Hesychasten afstaan en hoe weinig wij bereid zijn om het zelfs maar te benaderen, zal onze belangstelling ervoor slechts een andere uiting zijn van onze egocentrische plastische wereld.

Er bestaan nu zeer populaire boeken over dit onderwerp. Sterker nog, rooms-katholieken zijn zelf actief betrokken bij deze zaken onder orthodoxe invloed en beïnvloeden andere orthodoxen. Zo schrijft de Jezuïtische priester pater George Maloney boeken over deze onderwerpen en vertaalt hij de heilige Macarius de Grote en Simeon de Nieuwe Theoloog en probeert hij de mensen in hun dagelijks leven Hesychastisch te maken. Zij beoefenen allerlei 'retraites', meestal 'charismatisch' van aard. Mensen laten zich inspireren door de Heilige Geest (naar men beweert) en beproeven allerlei ascesen die wij kennen van de heilige vaders en die ver uitstijgen boven het niveau waarop wij ons nu bevinden. Er is een dame, Catherine de Heth Doherty (zij is eigenlijk in Rusland geboren en daarna rooms-katholiek geworden), die Woestijn, Stilte en alle dingen die zij in haar leven zou willen invoeren beschrijft alsof zij reclame maakt voor nieuwe zoetigheden. Dit is natuurlijk zeer onserieus en draagt het tragische teken van onze tijd. Sublieme dingen worden gebruikt door mensen die geen idee hebben van wat ze zeggen. Voor sommigen is het gewoon een gewoonte of tijdverdrijf. Voor anderen die het ernstig nemen kan de zaak uitlopen op een grote tragedie. Zij denken dat zij een verheven leven leiden, terwijl zij er in feite niet in geslaagd zijn hun persoonlijke, innerlijke problemen op te lossen.

Ik wil nogmaals benadrukken dat wij deze beide uitersten - secularisme en super-spiritualisme - moeten vermijden, maar dit betekent niet dat wij geen realistische kijk mogen hebben op de legitieme eisen die de wereld aan ons stelt of dat wij moeten ophouden de grote Vaders van het Hesychasme te vereren en gebruik moeten maken van hun intelligente leringen of zelf onze toevlucht moeten nemen tot het Jezusgebed, al naar gelang onze omstandigheden en mogelijkheden. Het moet gewoon op ons niveau zijn, dichter bij de grond. Het punt is (en dit is absoluut noodzakelijk voor ons begrip als orthodox-christenen vandaag) dat wij diep moeten begrijpen in welke tijden wij leven, hoe weinig wij eigenlijk weten over en voelen voor onze orthodoxie, hoever wij niet alleen staan van de heiligen uit de oudheid, maar zelfs van de eenvoudige orthodox-christenen die honderd jaar geleden of zelfs maar één generatie geleden leefden en hoezeer wij ons moeten inspannen om vandaag gewoon te overleven als orthodox-christenen.

Wat kunnen we doen?

Meer in het bijzonder: wat kunnen wij doen om dit bewustzijn, dit inzicht te verwerven en hoe kunnen wij het vruchtbaar maken in ons leven? Laten we proberen deze vraag in twee delen te beantwoorden. Het eerste betreft ons bewustzijn van de wereld om ons heen die als nooit tevoren in de christelijke geschiedenis onze bewuste vijand is geworden, en het tweede betreft ons bewustzijn van de orthodoxie die de meesten van ons veel minder kennen dan zou moeten, veel minder dan we moeten weten als we haar willen handhaven.

Ten eerste, omdat wij, of wij het willen of niet, in de wereld staan (en haar invloed zelfs op de meest afgelegen plaatsen, de kloosters, sterk voelbaar is), moeten wij haar en haar bekoringen streng en realistisch bezien, maar er niet aan toegeven. In het bijzonder moeten wij onze jongeren voorbereiden op de bekoringen die op hen afkomen en hen als het ware tegen die bekoringen inenten. Wij moeten elke dag bereid zijn om op de invloed van de wereld te reageren met de beginselen van een gezonde christelijke opvoeding. Dit betekent dat alles wat een kind op school leert thuis zal moeten worden gecontroleerd en gecorrigeerd. Wij moeten niet denken dat wat hij louter op school geleerd krijgt, of iets werelds dat niets met zijn orthodoxe opvoeding van doen heeft, nuttig is. Men kan hem nuttige ambachten en feiten bijbrengen (hoewel veel van de huidige scholen ook op dit punt schandelijk falen; veel onderwijzers vertellen ons dat zij er alleen in slagen de orde in de klas te handhaven en dat van onderwijzen geen sprake is), maar zelfs als hij deze verwerft, zal hij veel verkeerde standpunten en ideeën onderwezen krijgen. De grondhouding en de waardering van een kind voor literatuur, muziek, geschiedenis, kunst, filosofie, wetenschap en natuurlijk het leven en de godsdienst - moeten niet in de eerste plaats van school komen, want op school krijg je dit alles vermengd met moderne filosofie. Zij moeten in de eerste plaats van thuis en de kerk komen, anders krijgt het kind de verkeerde opvoeding in de wereld van vandaag, waar het openbaar onderwijs in het beste geval agnostisch is en in het slechtste geval atheïstisch of antireligieus. In de Sovjet-Unie wordt dit alles natuurlijk met geweld aan het kind opgedrongen, zonder enige godsdienst, maar met een actief programma van atheïstische opvoeding.

Ouders zouden precies moeten weten wat hun kinderen wordt geleerd in de verschillende algemene vakken die alomtegenwoordig zijn in de scholen en dit thuis corrigeren, niet alleen door een openhartig standpunt in te nemen over dit onderwerp (vooral tussen vaders en zonen, wat zeer zeldzaam is in de samenleving), maar ook door duidelijk de nadruk te leggen op het morele aspect ervan, dat in het openbaar onderwijs volkomen afwezig is.

Ouders zouden moeten weten naar wat voor muziek hun kinderen luisteren, naar wat voor films zij kijken (door zo nodig met hen mee te luisteren of te kijken), welke taal zij horen en welke taal zij zelf gebruiken, en dit alles op een christelijke manier beoordelen.

In die huizen waar men niet de moed heeft om de televisie uit het raam te gooien, moet deze streng worden gecontroleerd en bewaakt om de giftige gevolgen te vermijden van dit apparaat dat de voornaamste leraar is geworden van antichristelijke beoordelingen en ideeën in het huis zelf, vooral voor de jeugd.

Het is in de opvoeding van de kinderen dat de wereld in de eerste plaats tegen de orthodox- christenen optreedt en hen opvoedt volgens haar eigen patroon. Wanneer een kind eenmaal een verkeerde houding heeft ontwikkeld, wordt de taak van zijn christelijke opvoeding dubbel zo moeilijk.

Maar niet alleen kinderen, wij allen worden geconfronteerd met een wereld die probeert ons tot de antichrist te maken via school, televisie, film, populaire muziek en alle andere manieren die ons bombarderen, vooral in de grote steden. Wij moeten begrijpen dat wat ons wordt ingehamerd uit dezelfde bron komt - het heeft een bepaald ritme, een bepaalde ideologische inhoud. Het is het idee van zelfaanbidding, ontspanning, spugen, genot, verwerping van de geringste gedachte aan een andere wereld. Dit idee wordt ons in verschillende vormen opgedrongen. In feite is het een training in goddeloosheid. Wij moeten ons actief verdedigen, precies weten wat de wereld ons probeert aan te doen, ons ook verdedigen door bijvoorbeeld ons orthodoxe en christelijke antwoord daarop te formuleren en bekend te maken. Eerlijk gezegd, als ik zie hoe orthodoxe gezinnen in de wereld van vandaag leven en hun orthodoxie doorgeven, kan het lijken alsof deze strijd vaker wordt verloren dan gewonnen. Het aantal orthodox-christenen dat zijn gezicht intact houdt en niet verandert in het patroon van de moderne wereld is in feite zeer klein.

Toch moeten we de wereld om ons heen niet als helemaal slecht zien. Als wij orthodoxe christenen willen blijven, moeten wij verstandig genoeg zijn om alles wat positief is in deze wereld in ons voordeel te gebruiken. Laten ons een aantal zaken overwegen die wij kunnen gebruiken voor ons orthodoxe wereldbeeld, ook al hebben ze niet direct met de orthodoxie te maken.

Een kind dat van jongs af aan gewend is aan goede klassieke muziek, wiens ziel zich onder invloed daarvan heeft ontwikkeld, wordt niet in verleiding gebracht door ruwe ritmiek - rock en andere vormen van moderne pseudo-muziek - in de mate waarin zij die zonder muzikale opvoeding zijn opgegroeid, daaraan worden blootgesteld. Een dergelijke muzikale opvoeding zuivert, volgens sommige oudsten van het Optina-klooster, de ziel en bereidt haar voor op het aanvaarden van geestelijke indrukken.

Een kind dat gewend is aan goede literatuur, toneel en poëzie en de invloed daarvan op de ziel heeft gevoeld, dat wil zeggen een echt genoegen heeft gehad, zal niet gemakkelijk een volgeling worden van de moderne televisie en goedkope romans die de ziel verwoesten en van het christelijke pad afbrengen.

Een kind dat de schoonheid van de klassieke schilder- en beeldhouwkunst heeft leren zien, zal niet gemakkelijk worden meegesleept in de perversies van de moderne kunst en zal zich niet laten verleiden door de smakeloze producten van de moderne reclame en pornografie.

Het kind dat iets weet van de geschiedenis van de wereld, vooral in christelijke tijden, hoe de mensen hebben geleefd en gedacht, in welke fouten en valkuilen zij zijn gevallen door van God en zijn geboden af te wijken en welk heerlijk leven zij hebben geleid wanneer zij trouw aan Hem waren, zal in staat zijn het leven en de filosofie van onze tijd te beoordelen en zal niet blindelings de eerste de beste filosofie of levenswijze volgen die hij tegenkomt. Een van de problemen waarmee het schoolonderwijs tegenwoordig te kampen heeft, is dat kinderen niet langer een besef van geschiedenis wordt bijgebracht. Dit betekent dat het kind de mogelijkheid wordt ontnomen om een voorbeeld te nemen aan mensen die in het verleden leefden. En de geschiedenis herhaalt zich in feite voortdurend. Wanneer je dit opmerkt, wil je weten hoe de mensen hun problemen oplosten, wat er gebeurde met hen die in opstand kwamen tegen God en met hen die hun leven veranderden en een lichtend voorbeeld stelden dat tot op de dag van vandaag voortleeft. Gevoel voor geschiedenis is erg belangrijk en moet kinderen worden bijgebracht.

In het algemeen krijgt iemand die goed vertrouwd is met de beste vruchten van de seculiere cultuur - die in het Westen bijna altijd een zekere religieuze en christelijke connotatie heeft - veel meer kansen om als orthodox-christen een normaal en vruchtbaar leven te leiden dan iemand die zich tot de orthodoxie heeft bekeerd en alleen vertrouwd is met de moderne populaire cultuur. Iedereen die zich rechtstreeks vanuit de 'rockcultuur' tot de orthodoxie heeft bekeerd, en in het algemeen iedereen die denkt dat hij de orthodoxie met dit soort cultuur kan combineren, zal veel leed moeten doorstaan voordat hij een werkelijk serieuze orthodox-christen kan worden die in staat is zijn geloof aan anderen over te brengen. Zonder lijden, zonder begrip, zullen orthodoxe ouders kinderen grootbrengen die door de moderne wereld zullen worden verslonden. De beste wereldcultuur, op de juiste wijze geassimileerd, zuivert en ontwikkelt de ziel. De huidige populaire cultuur verminkt en misvormt zielen en verhindert dat zij op de juiste wijze gehoor geven aan de roep van de orthodoxie.

Daarom kunnen wij in onze strijd tegen de geest van deze wereld gebruikmaken van het beste wat de wereld te bieden heeft om verder te gaan dan dit beste. Al het beste in de wereld, als wij de wijsheid hebben om het te zien, wijst naar God en de orthodoxie en wij moeten er ons voordeel mee doen.

Orthodoxe vooruitzichten

Door dit standpunt in te nemen - door zowel het goede als het slechte in de wereld te zien - kunnen wij een orthodox wereldbeeld hebben, dat wil zeggen leven met een orthodoxe kijk op het hele leven, niet alleen op beperkte kerkelijke aangelegenheden. Er bestaat een misvatting, die tegenwoordig helaas maar al te vaak voorkomt, dat het voldoende is een orthodoxe houding te hebben die zich beperkt tot het kerkgebouw en de normale 'orthodoxe' activiteiten, zoals bidden op een bepaalde tijd of het maken van het kruisteken. Verder kunnen we volgens deze opvatting leven zoals iedereen en zonder problemen deelnemen aan het leven en de cultuur van onze tijd, voor zover we geen zonde begaan.

Iedereen die de diepgang van de orthodoxie en de verplichtingen van een ernstig orthodox- christen heeft begrepen, alsmede de plichten die ons worden opgelegd, de totalitaire eisen die de moderne wereld aan ons stelt, kan gemakkelijk inzien hoe verkeerd deze opvatting is. Ofwel ben je orthodox op elk moment van de dag, in elke situatie van het leven, ofwel ben je niet echt orthodox. Onze orthodoxie komt niet alleen tot uiting in onze strikt religieuze opvattingen, maar in alles wat wij doen en zeggen. De meesten van ons zijn zich weinig bewust van de christelijke verantwoordelijkheid voor de wereldse kant van ons leven. Iemand die werkelijk orthodox is, leeft echter elk deel van zijn leven als een orthodox persoon.

Laten we ons daarom afvragen: hoe kunnen we in ons dagelijks leven een orthodox wereldbeeld voeden en in stand houden?

De eerste en meest voor de hand liggende manier is voortdurend in contact te zijn met de bron van christelijk voedsel, met alles wat de Kerk ons geeft voor onze verlichting en verlossing: de kerkdiensten en de heilige sacramenten, het Heilige Schrift, het leven van de heiligen en de geschriften van de heiligenvaders. Men moet natuurlijk boeken lezen die op zijn of haar niveau liggen en de leer van de Kerk toepassen op de eigen levenssituatie en omstandigheden. Dan zal blijken dat zij vruchtbaar zijn om ons op christelijke wijze te leiden en te veranderen.

Maar vaak hebben deze doorsnee christelijke bronnen weinig of geen effect op ons, omdat we niet de juiste christelijke houding aannemen ten opzichte van deze bronnen en het christelijke leven dat zij zouden moeten inspireren. Laten wij trachten te begrijpen wat ons standpunt moet zijn, willen wij er werkelijk profijt van trekken en willen zij voor ons het begin zijn van een waarlijk orthodox perspectief.

Allereerst is christelijk geestelijk voedsel van nature iets levends en voedzaams. Als onze houding ertegenover louter theoretisch en boekvormig is, zullen wij er niet de weldaden van ontvangen die het kan geven. Als wij dus orthodoxe boeken lezen of ons in de orthodoxie interesseren alleen maar om informatie te krijgen of om tegenover anderen op te scheppen met onze kennis, zien wij de essentie ervan niet. Als wij de geboden van God en de wet van zijn Kerk onderwijzen alleen maar om 'goed te doen' en te oordelen over de 'verkeerdheid' van anderen, zien wij evenmin de essentie hiervan niet. Zij moeten niet alleen onze ideeën beïnvloeden, maar ook ons leven rechtstreeks raken en veranderen. In elke grote crisis van menselijke aangelegenheden kunnen zij die vertrouwen op een oppervlakkige kennis van wetten, canons en regels geen standhouden. De sterken zullen zij zijn aan wie de orthodoxe opvoeding een gevoel heeft gegeven van wat authentiek christendom is, zij wier orthodoxie in het hart is en in staat is andere harten te raken.

Er is niets tragischer dan een man te zien die in de orthodoxie is opgegroeid, die de catechismus begrijpt, die het leven van de heiligen heeft gelezen, die een idee heeft van de algemene doeleinden van de orthodoxie, die sommige diensten begrijpt - en toch niet weet wat er om hem heen gebeurt. En hij presenteert dit leven aan zijn kinderen in twee categorieën: de ene is hoe de meeste mensen leven, en de andere is hoe de orthodoxen leven op zondagen en wanneer zij een of andere orthodoxe tekst lezen. Wanneer een kind op deze manier wordt opgevoed, zal het waarschijnlijk niet kiezen voor de orthodoxie. Het zal een zeer klein deel van zijn leven worden, omdat het moderne leven zeer verleidelijk is, te veel mensen streven ernaar, het vervangt de werkelijkheid - tenzij men heeft geleerd hoe men zich moet beschermen tegen de schadelijke effecten ervan en hoe men voordeel kan halen uit het goede dat er in de wereld is.

In die zin moet ons standpunt aanvaardbaar en normaal zijn, dat wil zeggen het moet verbonden zijn met reële omstandigheden en niet een hersenspinsel zijn, een ontsnapping aan het leven en een weigering om de onaangename verschijnselen van de wereld rondom ons onder ogen te zien. Te verheven en in de wolken zwevend is de broeierige orthodoxie niet in staat de mensen in het dagelijks leven te helpen. Onze wereld is wreed genoeg en kwetst de zielen met haar grofheid. Wij moeten in de eerste plaats reageren met nuchtere, christelijke liefde en begrip en het hesychasme en de hogere vormen van gebed overlaten aan hen die in staat zijn ze waar te nemen en te praktiseren.

Ons standpunt moet ook niet egocentrisch zijn, maar een beroep doen op zoekers naar God en het geestelijk leven. Welnu, overal waar een gevestigde christelijke gemeenschap is, bestaat de verleiding om deze te veranderen in een gemeenschap van wederzijdse felicitaties en verrukkingen over onze deugden en prestaties, de schoonheid van onze kerkgebouwen en kerkgerei, de pracht van onze diensten, zelfs de zuiverheid van onze leer. Maar het ware christelijke leven, sinds de apostolische tijden, is altijd onlosmakelijk verbonden geweest met het delen met anderen. Juist daarom is de orthodoxie levend, omdat zij naar anderen straalt en geen behoefte heeft aan een 'missionaire afdeling'. Het vuur van de ware orthodoxie is enkel iets wat we voor onszelf houden en waar we over opscheppen als we dood zijn, de doden begraven, wat precies de toestand is waarin veel van onze orthodoxe parochies nu verkeren, zelfs die met veel jeugd, als ze niet diep in hun geloof verankerd zijn. Het is niet genoeg te zeggen dat jongeren naar de kerk gaan. Wij moeten vragen wat zij daar brengen, wat zij uit de kerk halen en als zij de orthodoxie niet met hun hele leven waarnemen, dan is het zinloos te zeggen dat zij naar de kerk gaan.

Tegelijkertijd moet onze houding tegenover mensen er een van liefde en vergeving zijn. Tegenwoordig is er een zekere wreedheid in het orthodoxe leven geslopen: "Deze is een ketter, ga niet met hem om, deze kan het zijn, maar je kunt er niet zeker van zijn, die ene is duidelijk een spion." Niemand zal ontkennen dat de Kerk thans omringd is door vijanden en dat er sommigen zijn die er niet tegen opzien misbruik te maken van ons vertrouwen. Maar dit is al zo sinds de apostolische tijd en in dit praktische opzicht is het christelijk leven altijd een soort risico geweest. Maar ook al wordt er soms misbruik van ons gemaakt en moeten wij voorzichtig zijn, toch mogen wij onze basispositie van liefde en vertrouwen niet opgeven. Zonder deze zullen wij het fundament van ons christelijk leven verliezen. De wereld zonder Christus is wantrouwig en koud, maar de christenen daarentegen moeten liefdevol en open zijn, anders verliezen wij het zout van Christus in onszelf en worden wij zoals de wereld, geschikt om te worden uitgestoten en vertrapt.

Een beetje nederigheid wanneer wij naar onszelf kijken zou ons helpen guller en vergevingsgezinder te zijn voor de fouten van anderen. Wij houden ervan anderen te veroordelen om de vreemdheid van hun gedrag. Wij noemen hen 'koekoeken' of 'ontroerde bekeerlingen'. Wij moeten inderdaad op onze hoede zijn voor echt onstabiele mensen die de Kerk grote schade kunnen toebrengen. Maar welke serieuze orthodox-christen is vandaag de dag een beetje 'ongeraakt'? Wij voegen ons niet naar de gebruiken van deze wereld en als wij dat in de wereld van vandaag wel doen, zijn wij geen echte christenen meer. Een oprecht christen kan zich niet thuis voelen in de wereld en kan niet anders dan een beetje 'geraakt' lijken voor zichzelf en anderen. In vele landen volstaat het ideaal van een christendom dat niet van deze wereld is aan te hangen of als volwassene gedoopt te zijn om in een krankzinnigengesticht te komen, en deze landen hollen de hele wereld uit.

Laten wij daarom niet vrezen voor de verwachting dat de wereld ons als enigszins 'geraakt' zal behandelen en blijven vasthouden aan de christelijke liefde en vergeving die de wereld nooit kan begrijpen, maar waar zij diep in haar hart behoefte aan heeft en zelfs naar verlangt. Tenslotte moet onze christelijke positie - ik noem het bij gebrek aan een beter woord - onschuldig zijn. Vandaag de dag hecht de wereld veel belang aan complexiteit, aan wereldse ervaring, aan 'professionalisme'. De orthodoxie hecht geen waarde aan deze kwaliteiten; zij doden de christelijke ziel. En toch dringen deze kwaliteiten onophoudelijk door in de Kerk en in ons leven. Hoe dikwijls hoort men, vooral van enthousiaste bekeerlingen, het verlangen om naar de grote centra van de orthodoxie te gaan, naar kathedralen en kloosters waar duizenden gelovigen bijeenkomen en overal gesprekken over kerkelijke onderwerpen worden gevoerd en men voelt hoe belangrijk de orthodoxie is. Deze orthodoxie is slechts een druppel op een gloeiende plaat als je naar de hele samenleving kijkt, maar er zijn zoveel mensen in deze grote kathedralen en kloosters dat het lijkt alsof de orthodoxie echt de overhand heeft. En hoe vaak zie je deze mensen niet in een droevige toestand nadat zij hun verlangen hebben bevredigd en zijn teruggekeerd uit de 'grote centra van de orthodoxie', nukkig en teleurgesteld, na geluisterd te hebben naar wereldse, kerkelijke roddels die vol van oordeel zijn en alleen gaan over 'orthodox', 'conform' en wereldse ervarenheid in zaken van kerkpolitiek. Kortom, zij hebben hun onschuld verloren, zijn op een dwaalspoor gebracht door hun fascinatie voor de wereldse kant van het kerkelijk leven.

In verschillende vormen staat deze verzoeking voor ons allen, en wij moeten ertegen vechten, ons niet veroorloven de uiterlijke dingen in de Kerk te overschatten, maar altijd terugkeren tot 'één op de nood' van Christus en de verlossing van onze zielen van dit soort goddeloosheid. We mogen onze ogen niet sluiten voor wat er in de wereld en in de Kerk gebeurt - we moeten het weten omwille van zichzelf, maar onze kennis moet nuchter, eenvoudig en ongecompliceerd zijn, niet ingewikkeld en werelds.

Conclusie

Voor iedere orthodox-christen die zich bewust is van wat er om hem heen gebeurt, is het duidelijk dat de wereld aan zijn einde komt! De tekenen des tijds zijn zo duidelijk dat men zou kunnen zeggen dat de wereld snel aan het instorten is.

Wat zijn deze tekenen dan?

1. De abnormaliteit van de wereld. Nooit zijn zulke bizarre en onnatuurlijke verschijnselen en handelingen als vanzelfsprekend beschouwd als in onze dagen. Kijk maar naar de wereld om ons heen: wat er in de kranten staat, welke films er worden vertoond, wat er op tv is, wat mensen interessant en vermakelijk vinden, waar ze om lachen - het is gewoon verschrikkelijk. En er zijn mensen die dit alles opzettelijk bevorderen, natuurlijk uit eigenbelang en omdat het in de mode is, omdat er een pervers verlangen naar dergelijke dingen bestaat.

2. Oorlogen en geruchten over oorlogen, de ene nog ijzingwekkender en meedogenlozer dan de andere, en dat alles overschaduwd door de dreiging van een ondenkbare kernoorlog die met één druk op de knop kan worden ontketend.

3. Alomtegenwoordige natuurrampen: aardbevingen en het ontstaan van nieuwe vulkanen (de nieuwste wordt gevormd in het Yosemite-reservaat in Centraal-Californië) - die nu al de aard van het weer op aarde veranderen.

4. De toenemende centralisatie van informatie en macht over het individu, met name in de vorm van de reusachtige nieuwe computer die in Luxemburg is geïnstalleerd en die een dossier kan opslaan over iedereen die op aarde leeft. Zijn codenummer is '666' en zij die ermee werken hebben het de bijnaam 'het beest' gegeven. Om de werking van dergelijke computers te vergemakkelijken is de Amerikaanse regering (niet alleen meer de Amerikaanse regering) van plan te beginnen met het uitgeven van sociale zekerheidscheques aan burgers met een nummer (dat duidelijk het codenummer 666 bevat) ingeprent op de rechterhand of het voorhoofd - een vereiste dat volgens de Apocalyps (hfst. 13) centraal zal staan tijdens de heerschappij van de antichrist. Dit betekent natuurlijk niet dat de eerste op wie 666 wordt gestempeld de antichrist of zijn dienaar is, maar als het alomtegenwoordig wordt, wie kan er dan nog weerstand aan bieden? Eerst zul je eraan wennen en dan zul je gedwongen worden het te aanbidden.

5. Vermenigvuldiging van valse christussen en valse antichristen. Een van de kandidaten gaf in de zomer van 1982 waarschijnlijk miljoenen dollars uit om op de wereldtelevisie reclame te maken voor zijn op handen zijnde verschijning, waarbij hij beloofde alle bewoners van de aarde op dat moment een 'telepathische boodschap' te zullen geven. Afgezien van occulte krachten die bij deze gebeurtenis betrokken kunnen zijn geweest, weten we al genoeg over de mogelijkheid dat onbewuste signalen via radio en vooral

televisie worden uitgezonden, en over het feit dat iedereen met technische bekwaamheden in staat is de normale radio- en televisiesignalen te onderbreken, ongeacht de wetten die dergelijke handelingen verbieden.

6. De werkelijk sinistere reactie op de nieuwe film waar iedereen in Amerika over praat en naar kijkt – *E.T.*, die letterlijk miljoenen ogenschijnlijk normale mensen ertoe heeft gebracht hun devotie en liefde te betuigen voor de held, de 'redder uit de ruimte', die overduidelijk een demon is – is een duidelijke voorbereiding op de aanbidding van de komende antichrist. (En trouwens, de filmredacteur van de officiële krant van het Griekse aartsbisdom in Amerika, een orthodoxe priester, heeft deze film van harte aanbevolen aan orthodoxe mensen, zeggende dat het een prachtige film is die ons kan leren over de liefde, en dat iedereen hem zou moeten zien. Er is een duidelijk onderscheid tussen mensen die proberen te begrijpen wat er aan de hand is en zij die zich alleen maar laten meeslepen door de algemene stemming).

Er zouden meer voorbeelden en details als deze kunnen worden gegeven, maar het doel van deze publicatie is niet om te intimideren maar om ons bewust te maken van wat er om ons heen gebeurt. Echt, het is later dan we denken. De Apocalyps is nu aan de gang. En hoe droevig is het om christenen te zien, en meer nog, jonge mensen, orthodoxe jongeren, boven wier hoofden deze ondenkbare tragedie hangt en die denken dat zij in deze vreselijke tijden door kunnen gaan met wat men het 'normale leven' noemt, volledig deelnemend aan de grillen van een waanzinnige, zelfingenomen generatie. Een generatie die zich er totaal niet van bewust is dat het 'paradijs van de dwaas' waarin wij leven op instorten staat, totaal onvoorbereid op de wanhopige tijden die ons te wachten staan. Het is niet langer een kwestie van een 'goede' of 'slechte' orthodoxe christen zijn, de vraag is nu: zal ons geloof überhaupt overleven? Het zal voor velen niet overleven. De komende antichrist zal te aantrekkelijk zijn, te zeer in overeenstemming met de tijdgeest, de wereldse geest waarnaar wij streven, opdat de meeste mensen zelfs maar zullen erkennen dat zij hun christendom hebben verloren door voor hem te buigen.

Maar de roep van Christus komt nog steeds tot ons. Laten we ernaar beginnen te luisteren. De duidelijkste uitdrukking van deze oproep komt vandaag uit een geknechte, goddeloze wereld, waar echt geleden wordt voor Christus en waar een ernst van het leven heerst die wij snel aan het verliezen zijn of reeds verloren hebben. Een orthodoxe priester in Roemenië, Vader Gheorghe Calciu, sterft nu in de gevangenis omdat hij het gewaagd heeft seminaristen en studenten op te roepen hun blinde aanhankelijkheid aan de tijdgeest opzij te zetten en uit te gaan om voor Christus te werken. Sprekend over de leegte van het atheïsme, zegt hij tegen de jeugd van vandaag:

"Ik roep u op tot een veel hoger niveau, een daad van totale onbaatzuchtigheid, een daad van moed die het gezond verstand tart. Ik roep u tot God, tot Hem die de wereld overtreft, opdat gij het oneindige paradijs van geestelijke vreugde moogt kennen, waarnaar gij in uw persoonlijke hel zoekt en waarnaar gij zelfs in een toestand van onbedoelde opstandigheid zoekt... Jezus heeft u altijd liefgehad en nu hebt gij de keuze om aan zijn oproep gehoor te geven. Door te reageren, bereid je je voor om te gaan en vrucht te dragen die blijvend is. Om een profeet van Christus te zijn in de wereld waarin je leeft. Om je naaste lief te hebben als jezelf en alle mensen tot je vrienden te maken. Om met elke daad die ene en oneindige liefde te verkondigen die de mens verheft van slaaf tot vriend van God. Om een profeet te zijn van die bevrijdende liefde die alle banden verwijdert, die u uw zuiverheid verkondigt zoals alleen u zich aan God aanbiedt."

Vader George richt zich tot jongeren die weinig geïnspireerd zijn door het verlangen om de Kerk van Christus te dienen, omdat zij de wereldse opvatting hebben aanvaard (die ook bij ons in de vrije wereld leeft) dat de Kerk slechts een verzameling gebouwen is, of een wereldse organisatie, en dringt er bij hen en bij ons op aan om zich bewuster te worden van wat de Kerk van Christus is en dat 'formeel lidmaatschap' niet voldoende is om ons te redden:

"De Kerk van Christus is levend en vrij. In haar worden wij bewogen en bestaan wij door Christus, die haar hoofd is. In Hem hebben we volledige vrijheid. In de Kerk kennen wij de Waarheid, en de Waarheid zal ons vrijmaken (Johannes 8:32). Je bent altijd in de Kerk van Christus als je iemand opheft, of aalmoezen geeft aan de armen, of de zieken bezoekt. Je bent in de Kerk van Christus wanneer je barmhartig en geduldig bent, wanneer je weigert boos te zijn op je broeder, zelfs als hij je gevoelens heeft gekwetst. Je bent in de Kerk van Christus als je bidt: 'Heer, vergeef hem.' Als je eerlijk werkt op je werk, als je moe maar glimlachend thuiskomt, als je kwaad met liefde vergeldt - dan ben je in de Kerk van Christus. Zie je niet, jonge vriend, hoe dichtbij het koninkrijk van Christus is? Jij bent Petrus en God bouwt zijn Kerk op jou. U bent de rots van zijn Kerk, die door niets kan worden verslagen... Laten wij de Kerk bouwen door ons geloof. Een Kerk die geen menselijke macht kan vernietigen, een Kerk waarvan Christus het fundament is... Voel je broeder aan je zijde! Vraag nooit: 'Wie is dit?' - Zeg liever: 'Dit is geen vreemdeling, dit is mijn broer. Hij is de Kerk van Christus, net als ik.'"

Laten wij, met deze oproep in ons hart, waarlijk behoren tot de Kerk van Christus, de Orthodoxe Kerk. Uiterlijk lidmaatschap is niet voldoende, er moet een verschuiving in ons plaatsvinden die ons anders maakt dan de buitenwereld, ook al noemt die wereld zich christelijk en zelfs 'orthodox'. Laten wij de bovengenoemde kwaliteiten van het ware orthodoxe wereldbeeld behouden en koesteren: een levendige, normale houding, liefdevol en vergevingsgezind, niet op onszelf gericht, onze onschuld en onze onvoorwaardelijke aard bewaren, zelfs in het volle en nederige besef van onze zondigheid en de macht van de wereldse verleidingen die ons omringen. Als wij werkelijk leven vanuit dit orthodoxe wereldbeeld, zal ons geloof de klappen die ons te wachten staan kunnen weerstaan en dienen als bron van inspiratie en verlossing voor hen die Christus nog moeten zoeken, zelfs te midden van de ineenstorting van de mensheid die reeds is begonnen.

HOUD VAN JE VIJAND

Van alle geboden in het Evangelie is er misschien geeneen diepgaander, wijzer en toch mysterieuzer en lang niet voor iedereen duidelijk, dan het gebod: hebt uw vijanden lief. Het lijkt de christen weerloos te maken tegen het kwaad van deze wereld. Maar verbazingwekkend genoeg is het hetzelfde gebod dat de heidense wereld, die het christendom haatte, overwon en dat vele, vele heidenen vergeestelijkte, verhief en tot christenen maakte.

In de historische roman "Quo Vadis" van Henryk Sienkiewicz, waarin de vroegchristelijke tijd wordt geschetst, levert de schurk Chilon aan de autoriteiten bekende christenen uit en beschuldigt hij hen ervan Rome in brand te hebben gestoken. Tijdens hun marteling wordt hij vergeven door de gepijnigde, met stokken verbrande christenen. Hij is overweldigd door de geestelijke gestalte van de discipelen van Jezus en raakt in de ban van het geloof van Christus, belijdt zijn Heiland en gaat zelf lijden omwille van Zijn naam. Dit literaire voorbeeld weerspiegelt de reële gevallen in de tijden van de vervolging.

De heiligen hebben in hun leven een opmerkelijke liefde voor hun vijanden getoond. In de hagiografie van de heilige Andreas, heilige dwaas om Christus' wil, wordt verteld hoe Andreas, toen hij eens door voorbijgangers werd geduwd en bespuugd, demonen opmerkte die de namen opschreven van zijn overtreders - de duistere krachten dachten hen te veroordelen voor de overtredingen van de heilige in het uur van hun dood. Als antwoord wiste de gezegende Andreas met zijn gebedskracht de demonische geschriften uit en zei: "Ik smeekte mijn strenge Heer (zo noemde de heilige de Heer God - pater V.D.) hun niet de zonde toe te rekenen dat zij mij sloegen, want zij beseffen niet wat zij begaan."

Hoe vaak willen wij niet onze misbruikers letterlijk vernietigen. Wij zien hen als de belichaming van het kwaad, denkende dat mensen onverbeterlijk zijn. De heilige Andreas zag de waarde van de ziel van een ander, zelfs door het onrecht dat hem werd aangedaan en bad voor het belangrijkste - de redding van deze mensen in het eeuwige leven.

Toen de heilige Tatiana werd overgeleverd om gemarteld te worden, begonnen de dienaren van de beul haar in het gezicht te slaan en toen waren zij verbaasd dat zij haar ogen kwelden. Niet alleen ergerde de heilige zich niet aan hen en wenste hun geen kwaad toe maar zij begon tot de Heer te bidden dat Hij hun de kennis der waarheid mocht geven. En zij zagen inderdaad vier engelen rondom de martelaar en hun zielen voelden de afschuwelijkheid van hun zonden. Zij smeekten de heilige Tatiana om vergiffenis en zij werden zelf christenen. Het gebed voor de vijanden, gezegd vanuit een zuiver en barmhartig hart, is in staat om mensen van de duisternis naar het licht te doen keren.

Waarom is het nodig onze vijanden te vergeven? Vooral als ze ons zoveel problemen en verdriet bezorgen. Een onverdiende belediging legt altijd een koude greep op het hart. Hoe kunnen we onrechtvaardigheid aanvaarden? Dit zijn de gebruikelijke gevoelens die ieder van ons van tijd tot tijd overvallen. Legt het Evangelie de lat niet te hoog voor ons?

En het is een feit dat wanneer wij kwaad met kwaad beantwoorden, wij hetzelfde doen als de boosdoeners, en zo worden wij zelf net als onze vijanden. Hoe kunnen wij bij God zijn als wij in haat op Zijn tegenstander lijken?

"Zegen hen die u vervloeken" (Lucas 6:28), beveelt Christus. De vijand liefhebben betekent vrijheid van hart bezitten - vrijheid van de ketenen van rancune, van de doornen van haat, van de banden van prikkelbaarheid! Want wat is haat anders dan de ketenen die ons eigen hart binden?

Hier is het portret dat de heilige Gregorius van Nyssa tekent: "Zij ontmoeten elkaar nors en hebben altijd een afkeer van elkaar: hun monden zijn sprakeloos, hun ogen zijn afgewend en de oren van de een zijn gesloten voor de woorden van de ander. Al wat aangenaam is voor de een is hatelijk voor de ander en omgekeerd, wat hatelijk is voor de een is aangenaam voor de ander." Zo wakkeren wij in onszelf een hevig vuur van haat aan alsof wij proberen onze vijand daarmee te verbranden. In werkelijkheid branden wij slechts ons eigen hart waardoor wij onze innerlijke wereld verwoesten en onszelf bitter doen lijden.

Wat gebeurt er met een persoon die zijn vijanden haat? Hij verliest dikwijls zijn slaap, wordt somber, piekert, verliest zijn vermogen om te werken omdat de worm van wrok hem van binnenuit verteert. Op deze manier kwellen mensen zichzelf, niet begrijpend dat vergeven en liefhebben van de ander in de eerste plaats bijdragen aan onszelf, omdat we ons bevrijden van de onderdrukking van onze ziel en vervolgens van de persoon die eerder onze vijand was, omdat hij geen redenen meer ziet voor nieuwe vijandschap.

Zelfs vanuit het wereldlijk standpunt zijn het liefhebben van onze vijanden en het vergeven van onze boosdoener de enige mogelijke voorwaarden voor het bewaren van de vrede. De vele tradities van bloedvete en wraak, zoals "oog om oog en tand om tand" (Mattheus 5:38) zaaien alleen maar nieuwe ruzies en onrechtvaardigheid en worden een bron van verdriet. Zij kunnen geen orde en vrede in ons leven brengen. Daarom heeft zich door de eeuwen heen hetzelfde beeld herhaald: mensen vergelden kwaad met kwaad en maken hun leven tot een hel.

Hoe vaak, wanneer iemand ons beledigt, zijn wij niet bereid te zeggen: "Heer, straf hem, vernietig hem." Zelfs in het Evangelie zien we een soortgelijke situatie. Toen Christus door een dorp van Samaritanen trok, nodigden de mensen de Heer niet uit. Toen keerden de apostelen Jacobus en Johannes zich tot Hem en zeiden: "Heer! Wilt u dat wij zeggen dat er vuur uit de hemel zal neerdalen en hen zal vernietigen, zoals Elia het deed?" Tegen die tijd hadden de apostelen al vele wonderen verricht, zodat zij geloofden in de mogelijkheid van een dergelijk wonder, als het hun Almachtige Leraar zou behagen. Hij antwoordde: "U beseft niet wat voor Geest u hebt, want de Zoon des mensen is niet gekomen om zielen van mensen te gronde te richten, maar om ze te behouden" (Lukas 9:55). In het Oude Testament heerste een geest van strengheid en bestraffing, zodat de dienaren Gods, de profeten, soms hun toevlucht namen tot tamelijk harde vermaningen. Zo doodde de heilige Elia, een ijveraar voor de wet van God, de soldaten van de koning die achter hem aankwamen met hemels vuur.

De geest van het Nieuwe Testament is liefde en barmhartigheid, want Christus is niet gekomen om te vernietigen maar om zielen te redden, zelfs niet om hen te veronachtzamen die vijandig gezind waren. En aan het kruis bad de Verlosser niet voor Zichzelf, niet voor Zijn verlossing, niet voor het straffen van de kruisvaarders, maar voor het vergeven van Zijn vijanden, bedriegers en verraders: "Vader, vergeef het hun, want zij weten niet wat zij doen" (Lucas 23:34). Dienovereenkomstig is hij die de naam van Christus draagt, de christen, geroepen hetzelfde te doen. Het is deze liefde die boven alle slechtheid van de wereld uitstijgt, die uiteindelijk de overwinning brengt.

In veel situaties van het leven creëren wij vaak ons eigen beeld van de vijand en haten wij de ander omdat hij niet in ons levensconcept paste of niet deed wat wij wilden dat hij deed. Vijandschap jegens hem vertroebelt het oog van de ziel. En de ziel zelf wordt gruwelijk lelijk van haat.

Het is alleen mogelijk het te overwinnen indien wij aanvankelijk bereid zijn in onszelf liefde te scheppen jegens diegene die wij als vijand beschouwen. Soms is het voldoende om tenminste enige tijd te wachten, niet in één keer onze wrok te uiten, en we zullen de situatie van nieuwe kanten zien, we zullen de andere persoon begrijpen en hem vergeven. Als wij tot God bidden, is dat de zekerste weg om liefde, warmte en vergeving in ons hart te vinden. De Heer zelf openbaart het ons allemaal en kan zelfs het meest steenharde hart vervullen met echte liefde, leven en barmhartigheid.

Priester Valery Dukhanin
16 december 2014

HET MYSTERIE VAN BEROUW

Bisschop Afanasij Evtich

Bekering is het begin van het christelijke nieuwe leven of het christelijke nieuwe zijn: het zijn in Christus.

Bekering

Zo begon het Evangelie met de woorden van Johannes de Doper: "Bekeert u, want het Koninkrijk der Hemelen is nabij." En de preek van Christus na de doop was: "Bekeert u en gelooft in het Evangelie."

Maar in onze tijd wordt de vraag gesteld: waarom berouw? Vanuit sociaal oogpunt is het ongepast om over bekering te praten. Er is natuurlijk wel enige schijn van berouw, vooral in de landen van het Oosters totalitarisme: wanneer iemand is afgeweken van de lijn van de partij wordt hij verplicht 'berouw te tonen', of wanneer de partijleiders zelf afwijken van hun oorspronkelijke plan - alleen heet dat geen berouw, maar een soort 'hervorming' of 'perestrojka'. In zo'n geval is er geen sprake van echt berouw. Wie van jullie heeft Abuladzes film *Repentance* gezien? Het gaat over een valse bekering en pas aan het eind van de film kun je zien wat echte bekering is. De film ontmaskert valse bekering als een soort verandering in het 'ideaal' of de 'stijl' van de macht die in wezen dezelfde blijft. Zulk een 'berouw' heeft inderdaad niets te maken met waarachtig berouw.

Er zijn (in de Griekse tekst) twee verschillende uitdrukkingen voor bekering in de Schrift. De ene uitdrukking is *metanoia* en de andere is *metamelia*. Soms wordt deze tweede uitdrukking niet met het woord 'berouw' maar met het woord 'wroeging' vertaald. Ik dacht er bijvoorbeeld aan om naar Frankfurt te gaan en ik "bekeerde mij", dat wil zeggen, ik veranderde van gedachten: ik zal niet gaan. Dit is wat de Schrift 'metamelia' noemt; het is eenvoudig een verandering van intentie. Het heeft geen spirituele betekenis. Er is ook in de sociale of psychologische zin zoiets als 'berouw', dat wil zeggen verandering. Op het gebied van psychologie is er een 'herschikking' van iemands karakter, iemands neurose... In de dieptepsychologie heeft Adler of Freud of zelfs Jung geen concept van berouw.

Berouw is een religieus concept

Berouw tonen moet in het bijzijn van iemand gebeuren. Het betekent niet eenvoudigweg iemands levensstijl of innerlijk gevoel of ervaring veranderen, zoals dat in Oosterse godsdiensten en culturen wordt bedoeld. Deze religies zeggen dat de mens zijn eigen ervaring moet hebben, hij moet zichzelf kennen, hij moet zichzelf en zijn talenten realiseren zodat het licht zijn bewustzijn ontwaakt. Maar er is geen behoefte vanuit God voor zo'n verandering, terwijl het christelijk berouw altijd ten overstaande van een ander plaatsvindt.

Een voorbeeld: een van onze Serviërs - inmiddels 60 jaar oud - was in zijn jeugd communist en heeft mensen veel kwaad gedaan, zoals zij dat destijds allemaal deden. Maar toen wendde hij zich tot het geloof, tot God, tot de Kerk en zei toen men hem de communie aanbood: "Nee, ik heb veel kwaad gedaan." – "Nou, ga en biecht." – "Nee," zei hij, "ik zal gaan biechten bij een priester, maar ik heb gezondigd voor het volk, dus ik moet openlijk biechten voor het volk."

Dit is de uitdrukking van het volle bewustzijn van wat berouw is. Hier ziet u de opvatting van de Kerk, oud-christelijk en echt bijbels, dat de mens nooit alleen is in de wereld. Hij staat in de eerste plaats voor God, maar ook voor de mensen. Daarom heeft in de Bijbel de zonde van de mens tegenover God altijd te maken met zijn naaste, wat betekent dat een dergelijke zonde een sociale, maatschappelijke dimensie heeft en dat diens gevolgen ook daar tot uiting komen. Dit wordt gevoeld in ons volk en in de grote Russische schrijvers. Orthodoxe mensen hebben het gevoel dat een dief of tiran, of iemand die zijn naaste kwaad doet, hetzelfde is als een goddeloos mens. Laat hem in God geloven, maar dit heeft geen nut. Hij zal God slechts lasteren daar zijn leven in strijd is met zijn geloof.

Vandaar het holistische begrip van bekering als een juiste positie, zowel voor God als voor de mensen. Berouw kan niet alleen worden gemeten in sociale of psychologische termen.

Christus begint Zijn Evangelie, Zijn goede nieuws, Zijn onderricht aan de mensheid met bekering. De H. Marcus de Toegewijde, de leerling van de H. Johannes Chrysostom die in de vierde en vijfde eeuw in Klein-Azië als kluizenaar leefde, leert ons dat onze Heer Jezus Christus, Gods Kracht en Gods Wijsheid, dacht aan verlossing voor allen, en dat uit al Zijn verschillende dogma's en geboden één enkele wet overbleef, de wet van de vrijheid, welke enkel door middel van berouw bereikt kan worden. Christus gebood Zijn apostelen: "Bekeert u, alle volken, want het Koninkrijk der Hemelen is nabijgekomen." Met deze uitspraak bedoelde de Heer dat de kracht van berouw de kracht van het Koninkrijk der Hemelen bevat, zoals zuurdesembrood gist bevat of graan alle planten bevat. Berouw is dus het begin van het Koninkrijk der Hemelen. Laten we denken aan de brief van de apostel Paulus aan de Joden: zij die berouw hebben gevoeld, hebben de kracht van het Koninkrijk der Hemelen gevoeld, de kracht van het komende tijdperk. Maar zodra zij zich tot de zonde wendden, verloren zij die kracht en was het nodig het berouw weer op te wekken.

Bekering is dus niet alleen een sociaal of psychologisch vermogen om zonder conflicten met anderen om te gaan. Berouw is een ontologische, dat wil zeggen een wezenscategorie van het christendom. Toen Christus het Evangelie begon met bekering, verwees Hij naar de ontologische werkelijkheid van de mens. In de woorden van de H. Gregorius Palamas: Het gebod van berouw en de andere geboden die de Heer heeft gegeven, komen volledig overeen met de menselijke natuur zelf, want in het begin heeft Hij deze menselijke natuur geschapen. Hij wist dat Hijzelf later zou komen en de geboden zou geven, dus schiep Hij de natuur volgens de geboden die gegeven zouden worden. Omgekeerd gaf de Heer die geboden die overeenkwamen met de natuur die Hij in het begin had geschapen. Het woord van Christus over bekering is dus geen lastering van de menselijke natuur, het is niet een 'opleggen' aan de menselijke natuur van iets wat haar vreemd is, maar het meest natuurlijke, normale, passende voor de menselijke natuur. Het punt is alleen dat de menselijke natuur gevallen is en daarom nu in een voor zichzelf abnormale toestand verkeert. Maar het is berouw dat de hefboom is waardoor de mens zijn natuur kan corrigeren, kan terugbrengen tot zijn normale toestand. Dat is waarom de Verlosser zei: "Metanoite", oftewel, "van gedachten veranderen."

Het punt is dat onze gedachten van God zijn weggegaan, weg van onszelf en anderen. En daarin schuilt een zieke, pathologische, menselijke conditie, die in het Slavisch wordt aangeduid met het woord 'passie' en in het Grieks met het woord 'pathos' (pathologie). Het is gewoon een ziekte, een perversie, maar nog geen vernietiging, zoals ziekte niet de vernietiging van het organisme is, maar gewoon bederf. De zondige staat van de mens is het bederf van zijn natuur, maar de mens kan herstellen, correctie aanvaarden, en zo legt berouw als gezondheid de vinger op de zere plek, op de zieke natuur van de mens. En aangezien de Heiland heeft gezegd dat wij ons moeten bekeren, moeten wij, ook al voelen wij bij onszelf niet de noodzaak van bekering, Hem geloven dat wij ons inderdaad moeten bekeren. En in feite, de grote heiligen, hoe dichter zij bij God kwamen, hoe meer zij de noodzaak voelden zich te bekeren, omdat zij de diepte van de val van de mens voelden.

Nog een voorbeeld uit de moderne tijd: een zekere Peruaanse schrijver, Carlos Castaneda, heeft reeds acht boeken geschreven over een of andere Indiaanse wijsgeer en magiër, Don Juan in Mexico, die hem leerde drugs te nemen om een toestand van de tweede, bijzondere werkelijkheid te verkrijgen, binnen te treden in de diepten van de materiële wereld en de spiritualiteit ervan te voelen, om spirituele wezens te ontmoeten. Castaneda is antropoloog en heeft grote belangstelling gewekt bij jongeren. Helaas zijn ook in ons land acht delen vertaald. Onlangs was er in Belgrado een discussie gaande: wat is Castaneda - hem aanvaarden of hem verwerpen? Een psychiater zei dat het gebruikt van hallucinogene drugs een gevaarlijk pad is waar je waarschijnlijk niet meer van terugkomt. Een schrijver prees Castaneda. Ik bleek de hardste criticus te zijn.

Er is per slot van rekening niets nieuws in schrijver Castaneda's diagnose van Don Juan. De mensheid bevindt zich in een tragische, abnormale toestand. Maar wat stelt hij voor om uit deze toestand te geraken? Om een andere realiteit te voelen, om zich een beetje te bevrijden van onze beperkingen. En wat krijgen we daarvoor terug? Niets! De mens blijft een tragisch wezen, niet verlost en zelfs niet uitgekocht. Hij kan zich niet, zoals Baron Munchausen, aan zijn eigen haren uit het moeras tillen. De apostel Paulus wijst erop dat geen andere hemel, geen andere schepping, geen ander buitenaards licht, geen zevende hemel de mens kan redden, want de mens is geen onpersoonlijk wezen dat alleen rust en vrede nodig heeft. Hij is een levende persoon en hij zoekt een levende gemeenschap met God.

Een Servische communistische boer zei nogal grof: "Nou, waar is God voor mij om Hem bij de keel te grijpen?" Is hij een goddeloze man? Nee, hij is niet goddeloos, maar hij voelt God levendig aan, ruziet met God, zoals Jakob. Het is natuurlijk lelijk van deze Serviër om dat te zeggen, maar hij voelt het leven. En denken dat de zaligheid ligt in een of andere evenwichtige gelukzaligheid, in het nirwana, in de innerlijke wereld van concentratie en meditatie, brengt een mens nergens. Het sluit zelfs de mogelijkheid van zijn verlossing uit, want de mens is een wezen dat uit het niets in het leven is geroepen en tot gemeenschap wordt uitgenodigd.

In het Hooglied of de Psalmen zien wij een existentiële dialoog tussen God en de mens. Ze lijden allebei. Zowel God heeft medelijden met de mens als de mens heeft medelijden met God. Dostojevski maakte vooral duidelijk dat wanneer de mens zich van God verwijdert, er iets kostbaars, iets groots verloren gaat. Zo'n mislukking om God te ontmoeten, is altijd een tragedie. Tragedie is het bewustzijn van het verlies van datgene wat we konden bevatten. Wanneer een mens de liefde verliest, zich van God verwijdert, ervaart hij dat als tragisch, omdat hij voor de liefde geschapen is. Berouw brengt ons terug naar deze normale toestand, of althans naar het begin van de normale weg. Berouw, zoals Vader Justin (Popovich) zei, is als een aardbeving die alles vernietigt wat alleen maar stabiel leek, maar vals blijkt te zijn, en dan is het nodig om alles wat was te veranderen. Dan begint de ware, blijvende schepping van de persoonlijkheid, de nieuwe mens.

Bekering is onmogelijk zonder een ontmoeting met God. Dat is waarom God de persoon ontmoet. Als berouw slechts een onderzoek zou zijn, een berouw, een schikking op een andere manier, dan zou het een herschikking zijn, maar geen wezenlijke verandering. De zieke, zoals de heilige Cyrillus van Alexandrië zegt, kan zichzelf niet genezen, maar hij heeft een genezer nodig - God. En wat is deze ziekte? Het is de corruptie van de liefde. Er mag geen eenzijdige liefde zijn. Liefde moet op zijn minst van twee kanten komen. En voor de volledigheid van de liefde heb je in feite drie wezens nodig: God, de naaste en ik. Ik, God en de naaste. De buurman, God en ik. Dit is *rechorisis*, interpenetratie van liefde, circulatie van liefde. Dit is het eeuwige leven. Bij berouw voelt men dat men ziek is en zoekt naar God. Daarom heeft berouw altijd een regenererende kracht in zich. Berouw is niet louter zelfmedelijden of depressie of een minderwaardigheidscomplex maar altijd bewustzijn en gevoel van verlies van gemeenschap en onmiddellijk zoeken en zelfs beginnen om die gemeenschap te herstellen. De verloren zoon komt bij zinnen en zegt: "Dit is mijn toestand. Maar ik heb een vader en ik zal naar mijn vader gaan!" Als hij net had ingezien dat hij verloren was, zou dat nog geen christelijke bekering zijn. En hij ging naar zijn vader! De Schrift suggereert dat de vader al naar buiten was gekomen om hem te ontmoeten, dat de vader als het ware de eerste stap had gezet, en dit werd weerspiegeld in de aansporing van de zoon om terug te keren. Men hoeft natuurlijk niet het eerste of het tweede te analyseren: er zijn dubbele ontmoetingen. Zowel God als de mens komen in berouw tot de activiteit van de liefde. Liefde zoekt gemeenschap. Berouw is spijt over verloren liefde.

Pas wanneer het berouw zelf begint, voelt men de noodzaak ervan. Het lijkt misschien zo dat de mens eerst moet voelen dat hij het nodig heeft, dat het voor hem een redding is. Maar integendeel, het is paradoxaal dat wanneer de mens de noodzaak van bekering voelt, hij de noodzaak ervan voelt. Dit betekent dat de onbewustheid van het hart dieper is dan het bewustzijn dat God aan de gewilligen geeft. Christus zei: "Wie in staat is te ontvangen, laat hij ontvangen." De Heilige Gregorius de Theoloog vraagt, "Wie kan er inschikken?" En hij antwoordt: "Hij die wil." Natuurlijk, de wil is niet alleen een bewuste beslissing, het gaat veel dieper dan dat. Dostojevski voelde dit ook en de orthodoxe ascese weet dat de wil veel dieper ligt dan het verstand van de mens. Hij is geworteld in de kern van de mens die het hart of de geest wordt genoemd. Zoals in Psalm 50 geschreven is: "Reinig het hart in mij, o God, en vernieuw de geest der gerechtigheid in mijn schoot." Dit is een parallellisme: hart rein - geest recht; scheppen - vernieuwen; in mij - in mijn schoot; dat wil zeggen, ook andere woorden bevestigen wat al in het eerste deel werd gezegd. Het hart of de geest is het wezen van de mens, de diepte van de Goddelijke persoonlijkheid van de mens. Men zou zelfs kunnen zeggen dat liefde en vrijheid vervat zijn in het centrum zelf, in de kern van de mens. Gods liefde heeft de mens uit het niet-bestaan geroepen. De roep van God kwam uit en er kwam een antwoord. Maar dit antwoord is persoonlijk! Dat wil zeggen, de mens is het antwoord op de roep van God.

De Heilige Basilius de Grote zegt (en dit is in de dienst van de Aartsengelen gekomen) dat alle engelenmachten naar onbedwingbare liefde voor Christus streven. Zelfs al zijn zij engelen, zelfs al zijn zij grote geestelijke wezens, bijna goden, maar ook zij hebben leegte zonder Christus, zonder God. Dostojevski legt Versilov in *De adolescent* het beeld in de mond dat de mensheid sociale waarheid, liefde, solidariteit en altruïsme heeft doorgevoerd, maar de grote idee van God en onsterfelijkheid van de aarde heeft verbannen. En toen Christus verscheen in zijn wederkomst, voelde iedereen plotseling - die gelukkige mensen, die het koninkrijk op aarde realiseerden, "het paradijs op aarde" - zij allen voelden dat zij de leegte in hun ziel hadden, de leegte van de afwezigheid van God. Het betekent dat er helemaal geen liefde was. En Dostojevski heeft terecht gezegd dat liefde voor de mens onmogelijk is zonder liefde voor God.

De twee geboden van liefde zijn verenigd. Liefde voor God in zijn totaliteit, in zijn wezen en liefde voor je naaste in zijn totaliteit, zoals je jezelf liefhebt. Ze kunnen niet bestaan zonder elkaar en samen vormen ze het christelijke kruis: het verticale en het horizontale. Als je er één weghaalt, is er geen kruis meer en is er geen christendom. Liefde voor God is niet genoeg en liefde voor de naaste is ook niet genoeg.

Berouw en liefde

Berouw wekt iemand onmiddellijk op om zowel God lief te hebben als zijn naaste.

Theofaan de Kluizenaar zegt in *De weg tot het heil* (maar dit is ook de ervaring van alle Vaders) dat wanneer een mens tot inkeer komt, hij onmiddellijk voelt dat hij zijn naaste liefheeft. Hij is niet meer trots, hij denkt niet dat hij te groot is, maar hij wil redding voor iedereen. Het is al een teken van een waar christelijk leven. Dus, berouw openbaart aan ons in abnormale, zondige, vervreemde toestand de weg en de wending tot de normale toestand, tot God en de correctie voor God. Het onthult de volledige waarheid van de menselijke conditie. En berouw gaat rechtstreeks over in de biecht. De biecht is de openbaring van de ware mens. Soms denken zelfs wij, orthodoxe christenen, dat berouw een soort menselijke 'plicht' is die wij 'moeten' doen. Maar nee, dit is een te eenvoudig begrip van de biecht. En de bekentenis lijkt op iets wat een Russisch oud vrouwtje me vertelde die over haar kleinzoontje waakte. Voor wat kattenkwaad gaf zij hem een pak slaag op de handen. Hij ging in een hoekje zitten en huilde wrokkig. Zij schonk geen aandacht meer aan hem en ging verder met haar werk. Uiteindelijk kwam haar kleinzoon naar haar toe: "Oma, ik ben hier geslagen en ik heb hier pijn." De grootmoeder was zo ontroerd door deze oproep dat ze zelf huilde. De aanpak van het kind trok de grootmoeder over de streep.

Hij opende zich voor haar. Dus, biecht-boetedoening is een soort van openstellen voor God. Zoals die woorden uit de psalm, die ook overgingen in de irmos: "Ik bid tot de Heer", alsof je een kruik met vuil water hebt en het gewoon voor God uitgiet, "En aan Hem zal ik mijn smarten vertellen, want mijn ziel is vervuld van boosheid en mijn leven heeft de bodem van de hel bereikt." Hij voelt eenvoudig dat hij op de bodem van de hel is gevallen, zoals Jona in de walvis, en opent zich nu voor God.

In ware berouw ligt alles open en wordt de zonde duidelijk gezien. Een kluizenaar die op Athos woonde, op de rotsen waar niets is, ging naar het klooster om te biechten en toen de biechtvader hem vroeg wat hij wilde biechten, antwoordde hij: "Ik heb een grote zonde op mijn ziel. Ik bewaar broodkruimels in een kruik en een muis komt en eet ze op. Ik klaag veel over haar." Toen was hij stil en voegde eraan toe: "Deze muis doet me kwaad, maar ik ben er meer boos om dan dat hij me kwaad doet."

De biecht als voortzetting van het berouw is de ware zelfonthulling van een persoon. Ja, we zijn zondig, daarom openen we onze wonden, ziektes en zonden. Een persoon ziet zichzelf in een wanhopige, hopeloze situatie. Maar wat waar is, is dat hij niet alleen naar zichzelf kijkt, maar zoals de Heilige Antonius de Grote zei: "Zet je zonde voor jezelf neer en kijk naar God aan de andere kant van je zonde. Kijk door je zonden heen naar God!" Maar dan zal de zonde de concurrentie van de ontmoeting met God niet kunnen doorstaan. God overwint alles. Wat is zonde? Niets! Onzin voor God. Maar het is voor God! En op zichzelf is hij voor mij een afgrond, een verdoemenis, een hel. Zoals David, de psalmist, zegt: "Uit de diepte roep ik tot U - uit de afgrond hef mijn leven op!" Onze ziel dorst naar God zoals een hert in de wildernis dorst naar stromend water.

Zoals de Heilige Augustinus voelde: nergens zal het menselijk hart rusten - behalve in God. Zoals wanneer een kind iets overkomt en rennend naar zijn moeder en niemand anders dan zijn moeder zoekt en verlangt, en pas tot rust kom als hij in haar armen valt.

Daarom is het Evangelie het boek van de fundamentele relaties: het spreekt over het kind, over de vader, over de zoon, over het huis, over het gezin. Het Evangelie is geen theorie, geen filosofie, maar een uitdrukking van een existentiële relatie - de onze onder elkaar en de onze met God.

Dus, biechten is het onthullen van de waarheid over onszelf. Wij moeten onszelf niet belasteren, dat wil zeggen onszelf meer berispen dan wij werkelijk zondigen, maar wij moeten ons ook niet verbergen. Want als we ons verbergen, laten we zien dat er geen oprechte liefde voor God in ons is. De Bijbel is een opgetekende doorleefde ervaring, ontleend aan de werkelijkheid. In de Bijbel wordt veel getoond, er zijn vele zonden en afvalligheid en godsvrucht, maar in dit alles zult u één ding niet vinden: onoprechtheid. Er is geen gebied in het leven waar God niet aanwezig is. Men moet weten, zei Vader Justin, zoals de heilige profeten wisten, dat er veel kwaad in de mens is en dat de wereld verloren is in het kwaad, maar dat er redding is voor deze specifieke wereld en deze specifieke mens. Dat is onze vreugde! Er is een mogelijkheid tot verlossing.

Er is een Verlosser! Dit is Vader Justin, die al uit eigen ervaring uitdrukt wat voor berouw de Voorloper daar ondervond. En inderdaad, ik zal dit zeggen uit mijn kleine ervaring in de buurt van Vader Justin. Hij was een man die leefde als de Voorloper: zuiver, een grote asceet en hij had mededogen, zoals Metropoliet Athony (Khrapovitsky), hij had mededogen met zondaars, met ieder mens, met alle schepselen en God gaf hem voor dit mededogen een grote gave van tranen. En het was niet iets vreemds voor ons. Menselijke tranen zijn altijd dicht bij ieder van ons. In de nabijheid van de persoon, die oprecht berouw heeft, kunnen wij voelen dat berouw voor ons noodzakelijk is, dat tranen natuurlijk water zijn, kostbaar als bloed, het is nieuw christelijk bloed, het is een nieuw doopsel, zoals de Vaders zeiden. Door tranen vernieuwen wij het doopwater, dat warm en vol van genade wordt.

Vasten en berouw

En deze boetedoening gaat samen met vasten.

De heilige Johannes van Kronstadt schrijft in *Mijn leven in Christus* dat wanneer een mens haat, zijn ogen hem verhinderen zelfs maar te lopen. Niet alleen de mens lijdt onder de zonde, maar alles om hem heen lijdt eronder, tot in de natuur toe, en wanneer de mens zich begint te bekeren en te vasten, heeft dat ook invloed op alles om hem heen.

Staat u mij toe uit te weiden: als de moderne mensheid meer zou vasten, zouden er niet zoveel ecologische problemen zijn. De houding van de mens tegenover de natuur is helemaal niet vastend of ascetisch. Het is brutaal en gewelddadig. De mens is als een uitbuiter of bezetter. Dit is wat Marx leerde: "We moeten ons eenvoudigweg op de natuur storten en haar gebruiken, haar wetten beheersen en haar reproduceren." Dat zou 'geschiedenis' zijn. Deze houding is totaal anders, niet menselijk, niet humaan.

De asceten onder de heilige vaders zeiden dat wij geen vleeseters zijn, maar hartstochtelijke moordenaars. Vasten is geen strijd tegen het vlees, als schepping van God. Christus en zijn gemeenschap zijn immers ook vlees. In plaats daarvan is het een strijd tegen de perversiteit van het vlees. Ieder van ons kan beseffen en voelen dat als hij zichzelf, zijn lichaam, niet bezit, hij reeds een slaaf wordt van voedsel of drank of andere genoegens. Het ding begint de man te bezitten, niet de man het ding.

Adams ondergang was dat hij niet bereid was zich te bedwingen: toen hij van de vrucht at, kreeg hij niets nieuws. Het gebod was niet om hem te verbieden die vrucht te eten, alsof er iets gevaarlijks in zat, maar om hem te leren zichzelf te tuchtigen, om hem op de weg van de daad te zetten. Dit is een daad van vrijheid en een daad van liefde. Niemand anders dan de mens kan dit doen en daarom is hij geroepen om het te doen. Om een deel te zijn van de vrijheid en de liefde van God moet men een asceet zijn.

Bijvoorbeeld, een atleet, een voetballer, moet een asceet zijn. Hij kan niet drinken, eten en doen wat hij wil en tegelijkertijd een goede atleet zijn. Dat kan hij niet. Dit is zo duidelijk als de dag, als de zon.

Een christen daarentegen moet zijn lichaam nog meer temmen, zodat het dient (in het Grieks liturgis), dat wil zeggen dat het in 'liturgie' is, wat betekent: volledige, normale, gemeenschappelijke functie en activiteit. Wanneer wij spreken over de heilige Liturgie, dan is dat de dienst van de mensen aan God, maar de gewone betekenis van het woord is de normale algemene werking van alles wat aan de mens gegeven is.

Daarom gebruikt de christen die tot inkeer komt ook het vasten. Men moet vasten omwille van het vasten, niet alleen om een plicht te vervullen of zelfs, zoals sommigen denken, om een beloning, een kroon, van God te verdienen. Geen offer dat beloning zoekt, is een offer, maar slechts een werk dat wacht om betaald te worden. Huurlingen mogen dat denken, zonen niet. Christus, toen Hij voor ons ging offeren, zocht daarvoor geen beloning van God de Vader, maar ging uit liefde. Zoals Metropoliet Filaret zegt: "Uit liefde voor God de Vader werd de Zoon gekruisigd; uit liefde van de Zoon voor ons werd Hij gekruisigd en uit liefde voor de Heilige Geest overwon Hij de dood door zijn kruisiging. Alleen liefde kan dit begrijpen."

In een gezin, of in vriendschap, wanneer er liefde is, is het zeer gemakkelijk om een zeker genot op te geven ter wille van een ander, het is een natuurlijk verlangen om met een ander te delen.

Dit is het juiste begrip van vasten. Vasten helpt ons ook om onze bedorven menselijke natuur te herstellen, om de juiste orde aan te brengen die God heeft gegeven. Het is eerst het woord van God eten en dan brood. Brood, natuurlijk, is essentieel. Zonder brood kunnen we niet leven. Maar brood komt op de tweede plaats. Zoals Christus in de woestijn tegen de duivel zei: "De mens zal niet leven van brood alleen, maar van elk woord dat uit de mond van God uitgaat." Door het woord van God, oftewel de gemeenschap met God.

Ik herinner me een Russische lijder die bibliothecaris was op onze faculteit. Hij heeft vier jaar in Dachau gezeten. Hij nam een Servische wees in huis, voedde hem op en trouwde met hem. En deze vrouw schopte de oude man het huis uit, waarna hij stierf in armoede. Hij zei dat je in Dachau aan het gezicht kon zien wie een levende gemeenschap met God had. Er was geen hypocrisie. Hij vertelde me trouwens dat volgens hem Berdjajev nooit een levend contact met God heeft gehad. Natuurlijk, Berdjajev is een tragische figuur, een lijder, een soort martelaar, en je kunt hem niet zomaar negeren. Maar hij was te pretentieus, hij kende geen nederigheid, hij schold nederigheid zelfs uit.

Nederigheid gaat niet over minderwaardigheid

En voor God moet je je vernederen, maar helemaal niet uit een 'minderwaardigheidscomplex'. Job was een zieke, lankmoedige man, maar hij was niet 'minderwaardig' voor God. Hij was nederig en die nederigheid gaf hem vrijmoedigheid. "Daal neer uit de hemel", zei Job tegen God en God daalde neer. Wij hoeven geen psychologische of sociale categorieën aan te nemen: nederigheid is geen machteloosheid, maar juist vrijmoedigheid. Ik ben bijvoorbeeld naar Vladyka Mark gekomen, zonder geld, ik zou hier sterven, maar ik vertrouw erop dat de Vladyka mij zal voeden en mij niet zal verlaten. Dit is vrijpostigheid. Anders onderschat ik niet alleen mezelf, maar ook de Heer.

En dit is hoe de christenen van oudsher baden. Een Egyptische monnik placht te zeggen: "Ik als mens heb gezondigd. Maar U, als God, hebt genade." Nederigheid en vrijmoedigheid gaan samen.

Alles tezamen, te beginnen met berouw - of berouw nu geloof veronderstelt of uit geloof voortkomt - het is allemaal hetzelfde, ze gaan samen. Geloof in God omvat onmiddellijk berouw in mijn tragedie, in mijn probleem, in mijn leven. Er is geen manier waarop ik mijn probleem oplos zonder God. Op zoek naar, daarom, gemeenschap. En God heeft door Christus laten zien dat Hij gemeenschap met ons wil. Hij gaf Zijn Zoon! Hij hield van ons voordat wij van Hem hielden. Hij zoekt dus ook gemeenschap. Dit is inderdaad een menselijke God, een actieve God, een God die door sommigen van de vaders 'de voorvoeglijke Eros' wordt genoemd. Om in Zijn almacht binnen te gaan, gaat Hij uit om ons te ontmoeten en daardoor beperkt Hij zich tot onze maat om ons te ontvangen. Dit wordt *kenosis* genoemd. Als hij recht op ons afliep, dan... alsof de zon ons verbrandde, dan zouden we gewoon verdwijnen. Maar Hij verminderde Zichzelf uit liefde, zocht ons gezelschap niet onder dwang, eenvoudig - Hijzelf wil het zo. En dit geeft ons meteen waardigheid. Daarom is er in onze orthodox-christelijke traditie veel reden voor vrijmoedigheid, voor hoop op God. De mens is een zondaar, maar toch: God is groter dan de zonde! In Dostojevski's *De bezetene* zegt de oudere Tikhon tegen Stavrogin: "Je hebt maar één stap naar de heiligen." En inderdaad, deze ene stap kan een mens zetten en dan zal hij God ontmoeten. Het is nooit onmogelijk. Het is onmogelijk voor de mens, maar het is mogelijk voor God. En God is deze relatie met ons aangegaan en wil niet dat wij onze problemen zonder Hem oplossen. En we hebben geen reden om daaraan te twijfelen, aangezien Hij Zijn Zoon gaf.

Krachtige redenen voor berouw

Dit zijn de krachtige redenen die wij hebben om ons te bekeren. Het is niet slechts een of andere morele lering aan de mens dat hij goed moet zijn, en dat hij zich daarom moet bekeren. Nee, berouw vernieuwt in ons de grondslagen van het christelijk geloof. God wil onze verlossing, zoekt haar en verlangt ernaar. Het enige wat van onze kant nodig is, is dat we het willen en dan kunnen we het, niet door onzelf, maar door God.

Berouw met alle christelijke deugden die daarmee gepaard gaan, zoals belijdenis, nederigheid, vrijmoedigheid, hoop, vasten, gebed... berouw is al een voorsmaak van de opstanding, zelfs het begin van de opstanding. Dit is de eerste opstanding van de mens. De tweede zal het resultaat zijn, de voleinding bij de tweede komst van Christus.

Een dergelijke ervaring van berouw bestaat in geen enkele godsdienst, in geen enkele spirituele ervaring, in geen enkele mystiek. Ook in het westerse christendom is dit gevoel, deze ervaring, deze gebeurtenis, helaas bijna verloren gegaan.

Vader Justin vertelde ons dat hij van begin 1917 tot 1919 in Oxford was, hij studeerde daar. En zo zei een anglicaanse monnik na twee jaar vriendschap tegen hem: "Jullie zijn allemaal jong, vrolijk, net als wij, maar één ding dat jullie hebben dat wij als kerk niet hebben, is berouw, dat kennen wij niet..." "Het ding is", zei Vader Justin, "hij en ik hadden eens een echte ruzie. En toen kon ik het niet langer uithouden en ging ik naar hem toe om vergeving te vragen, wierp me aan zijn voeten, weende en de man accepteerde het... Dus hij zag berouw."

De Vaders hebben ons opgedragen onze hartstochten niet op te blazen, zelfs niet "op iemands schaduw te treden", maar wil dit geldige nederigheid zijn, dan moet zij met liefde geschieden, dat wil zeggen dat zij niet louter onverschillig mag zijn voor de toestand van onze naaste. Anders is het noch nederigheid noch onbewogenheid, maar gewoon een of andere conventionele houding, een 'goede toon', dat is hypocrisie, officieel vastgesteld: men hoeft zich niet te bemoeien met andermans zaken. (Laat de mensen maar sterven in Vietnam, Joegoslavië of Cuba.) Het komt allemaal neer op uiterlijk fatsoen. Zoals Vader Justin graag zei: "Cultuur is heel vaak beleefd en vanbinnen zit er een worm." Natuurlijk moeten we ook niet agressief zijn, maar wij, orthodoxen, zijn door de geschiedenis heen zo door God geleid, wij zijn zo open voor Hem geweest, dat wij nooit zonder problemen zijn geweest. Maar de status quo aanvaarden, het regime van het abnormale als normaal aanvaarden, is geen christendom. Berouw daarentegen is juist een protest tegen een abnormale toestand. In het gezin, in de parochie, in het bisdom, in de staat, in de wereld, kan de christen zich er niet mee 'verzoenen'. Hij is gebonden om te worstelen. Maar hij begint bij zichzelf, dus berouw is een zelfoordeel, zelfbeheersing of, zoals Solzjenitsyn en Tarkovsky zeiden, schaamte, schaamte als religieus concept, in de zin dat men terugkeert naar zichzelf en zich begint te schamen. Aan het einde van Abuladzes film *Repentance* kan men zien wat ware menselijke bekering is. Een mens begint zich te schamen voor zijn daden en onmiddellijk is er een vastbeslotenheid om die te veranderen. We kunnen zeggen dat alleen in orthodoxe landen, in Rusland, in Servië, in Griekenland berouw als thema bestaat (en zelfs in de literatuur). Onlangs is er een roman van Lubardo verschenen, getiteld *Repentance*, over de betrekkingen tussen Serviërs, moslims en katholieken in Bosnië. En in zijn roman hebben alleen Serviërs berouw en spreken zij niet alleen, maar doen zij ook boete.

Godzijdank, dat betekent dat we zondaars zijn. En hier zijn wij niet trots op, wij prijzen onszelf niet, maar wij kunnen ons juist niet verzoenen met een dergelijke situatie, noch met de onze, noch met die van anderen. Vader Justin noemde dit de ware revolutie van de christenen tegen de zonde, tegen het kwaad, tegen de duivel, tegen de dood. Het is de opstand van de mens tegen het valse zelf en de opstand tegen het valse in de andere mens en in de godsdienst, de opstand tegen valse goden en de strijd om de ware God. Berouw zoekt de ware visie van de wereld, van God, van de mens, en zoekt het juiste geloof.

Persoonlijk ben ik geschokt dat nu in Rusland massaal jonge mensen terugkeren naar God, naar de orthodoxie. Zo is het in ons land ook. Het gaat er niet alleen om geloof te vinden in een god, het atheïsme te verwerpen en een of andere mystiek te vinden, maar om de levende God te vinden en betrokken te raken bij het ware leven van de Kerk. Onlangs las ik een goed artikel van Vladimir Zelinsky, *De tijd van de Kerk*. Men kan zien hoe men God, Christus en de Kerk heeft gevonden. Als iemand zich op de een of andere manier bekeerd heeft en wil leven, ongeacht tot welke kerk hij behoort, dan twijfel ik aan de echtheid van zelfs deze aanvankelijke bekering van hem. Dit is een soort *metamelia*, niet 'gooien'. Het is geen authentiek herstel van het leven. Daarom stonden de Vaders zo ijverig voor het geloof.

Maar we mogen daarbij niet vergeten dat liefde het eerste dogma van ons geloof is. Liefde is het ware kruis, maar wees niet bang voor de liefde als zij tot het kruis leidt. Vergeet nooit dat wanneer liefde aan het kruis hangt, het nog steeds liefde is. Als Christus niet had gezegd: "Vader, vergeef het hun!", dan, geloof mij, zou hij Christus niet zijn geweest. Hij zou een held zijn geweest, een volmaakt man, maar niet de ware Christus, de Verlosser. En Dostojevski laat Christus zelfs de inquisiteur kussen in *De grootinquisiteur*. Dit is geen sentimentaliteit, geen romantiek, dit is ware, onbevreesde liefde. Daarom voelen wij orthodoxen altijd dat onze kracht en onoverwinnelijkheid niet in onszelf liggen, maar in de authenticiteit van wat wij zoeken, verlangen, geloven en waar wij voor leven.

In berouw moeten wij begrijpen dat God aan de andere kant staat van ons goed en ons kwaad. Wij moeten ons niet identificeren met ons kwaad, noch met onze goede daden. We moeten niet denken dat we in ons eigen onderhoud kunnen voorzien door goed te doen. We moeten alleen op God vertrouwen. Maar u moet ook geloven dat zelfs slechte daden, ook al veroordeel en verwerp ik ze, mij niet van mijn God kunnen scheiden. Russen hebben de neiging hun zonden te overdrijven en erin te stikken en te verdrinken als in een afgrond. Dit is een soort wantrouwen jegens God. Zo'n perceptie, zo'n overdrijving van iemands zonden, is tegelijkertijd een verkleining van God. Maar de tegenovergestelde benadering laat God op een leugenaar lijken. Hij zond Zijn Zoon om ons te redden en wij zeggen: "Nee, ik heb geen zonden."

Christus redt vrijuit! Er is geen vergelding of vergelding van onze kant. Maar we moeten echt begrijpen dat zonde een zonde is, en dat zonde slecht is, en dat zonde een leugen is, en dat zonde de vijand van de mens is. Volledig berouw in de orthodoxie wordt mannelijk, niet sentimenteel. De mens gaat de uitdaging aan. De heilige Vaders zeggen dat de mens de gave heeft van woede, van boosheid en dat het een gave Gods is. Zoals de gave van het vermogen om voedsel te nemen. Maar uit de gave van voedsel kan onmiddellijk een passie voor voedsel ontstaan. Het is hetzelfde met woede, waarachter beweging zit - dynamiek. De deugd moet offensief zijn - actief, niet passief. Maar als het misvormd is, kan de tirannie tegen anderen omslaan in agressie.

Maar het is nodig om dynamisch te zijn! Het is nodig om het kwaad te bestrijden. Orthodoxe boetedoening heeft deze 'woede'.

Men vertelde mij dat een van de oudste monniken in het klooster van Meteora, Vader Barlaam, een beroerte had gehad, een hersenbloeding. Het gebeurde tijdens zijn middagrust. Hij lag in bed en opeens zag hij dat alles om hem heen rood werd. Hij probeerde uit bed te komen, maar het lukte niet. Plotseling dacht hij: "Ik ben stervende, maar ik ben niet naar de communie gegaan, ik heb niet gebiecht! Zal ik, een monnik voor zo vele jaren, sterven zonder communie?" En met een krachtsinspanning stond hij op, hij wist niet eens hoe hij de deur had gevonden. God hielp: de abt kwam uit zijn cel en zag hem zo. En de monnik schreeuwde: "Waar sta je te kijken? Communie!" De abt begreep het meteen en de monnik nam de communie. Dan leefde hij nog. Maar hier is de kracht van woede!

Ga je dood? Nou en? Laat je jezelf daarom zonder communie?

De heilige Demetrius verhief Nestorius, een jonge christen, en zegende hem om de gladiator Lysias te doden, een vreselijk wrede schurk. De Kerk bezingt dit in het troparion voor de heilige Demetrius van Thessalonica. Dit is de ware reddende furie. De kracht om op te staan. Toen Job klaagde, en reden had om te klagen, troostte God hem niet, maar eiste dat hij op zijn voeten zou staan en zich zou onderwerpen. Maar dit herstelde Job ook.

Alleen de orthodoxie heeft de ascetische ethiek bewaard. Wij verdragen ons vallen en in geduld worden wij niet verbitterd, maar wij blijven ook niet onverschillig tegenover anderen. Ik kan niet onverschillig zijn. En ik kan mij als christen niet veroorloven te haten, want haat is een ontsnapping aan de christelijke verantwoordelijkheid.

Dit gebeurt ook in de parochies. Men denkt dat de ander hem haat en creëert zo een alibi om niet met hem te communiceren. Maar het is noodzakelijk te trachten te communiceren, om het probleem van de naaste als ons eigen probleem te zien. En men moet geen medelijden voelen uit trots, maar met waar medelijden.

Het christendom is dynamisch, niet passief. Het christendom gaat niet over 'apathie', zoals de oude stoïcijnen het begrepen. Het gaat er niet om onszelf te versterven, maar om onze dienstbaarheid aan het kwaad, aan de zonde, te versterven en onszelf voor God te laten werken. Het leven is geen nirwana. Leven is gemeenschap, glorie aan God, opheffen, opgroeien. Daarom is berouw echt als het oprecht en actief is, als het een persoon onmiddellijk opwindt, als hij zich onmiddellijk geroepen voelt.

Als we een vergelijking maken tussen twee heiligen: St. Isaac de Syriër en St. Simeon de Nieuwe Theoloog, dan is Isaac de Syriër veel norser en droeviger, terwijl Sint Simeon de Nieuwe Theoloog staat voor blijdschap en dynamiek, hij is in de blijdschap.

Dus, deze trieste, meer sombere kant is meer expressief van het Westen, zoals St. Claire. Als de genade Gods hen verlaat, raken ze verloren in wanhoop. In de orthodoxie doen ze dat niet! Hier zegt iemand: "God heeft mij bezocht, Hij heeft mij Zijn genade gegeven, maar Hij wil mij opheffen."

Ik heb altijd deze indruk gehad van de monniken op de berg Athos: de Athoniten zijn grote asceten, verstoken van vele geneugten des levens, maar hun gelaat is steeds blijmoedig. En ze zijn allemaal origineel, want iedereen leeft het leven.

Berouw wekt een goed soort 'ambitie' in een man. Herinneren wij ons de verloren zoon: was ik, de zoon van zulk een vader, geschapen om varkens te hoeden in een vreemd land? Nee! Ik ga naar mijn vader...

Berouw, gebed, vasten, biecht - alles gaat spontaan. Men moet zich positioneren om deze frisheid van het christelijk leven te hebben en ernaar streven. En zoals de oude vaders zeiden: "Je moet elke dag opnieuw beginnen."

Toespraak op de jongerenconferentie in München in december 1988.

Bron: Bisschop Athanasius (Evtich). Berouw, biecht, vasten. - Fryazino: Verbond van orthodoxe pelgrims, 1995.

DE DODELIJKE ZONDE:
MOEDELOOSHEID

Het belangrijkste in de strijd tegen moedeloosheid is zelfinzicht. Als we onszelf niet aansporen, zal geen advies, geen wonderbaarlijke kracht of bovennatuurlijke hulp van hogerhand ons helpen.

"En mijn geest is moedeloos in mij." De biechtvader van het Novo-Tikhvinsky klooster Archimandriet Abraham bespreekt een zeer wijdverspreide en gevaarlijke passie: moedeloosheid.

Ontmoediging is een passie die iedereen kent. Het manifesteert zich op veel verschillende manieren, vaak op een degelijke manier vermomd, en dus kan het moeilijk zijn om het te onderscheiden. Maar het is wel noodzakelijk om het te kunnen onderscheiden, want deze passie is verraderlijk en zeer gevaarlijk. Zoals Johannes de Evangelist zegt, is het een alles doordringende dood. Wat is moedeloosheid dan?

Ontmoediging is een dodelijke zonde!

Het manifesteert zich in twee vormen - soms als ondraaglijke verveling en verlangen, en soms als luiheid en onverschilligheid voor spirituele activiteiten. In het laatste geval lijkt iemand helemaal niet verveeld, maar heeft hij plezier, maakt hij grapjes en behandelt hij alles met een soort levendigheid. Alles behalve het lezen van de Heilige Schrift, bidden en andere geestelijke activiteiten.

Mensen die niet geloven, verkeren vaak in een staat van grote moedeloosheid vanwege de leegte in hun ziel. Ik denk dat de meeste gevallen van zogenaamde depressie gewoon extreme moedeloosheid zijn. Ik zal je een verhaal uit mijn jeugd vertellen. Een man die ik goed kende, had een vader die zelfmoord had gepleegd. En deze jongeman werd depressief - hij stond wekenlang met zijn gezicht naar de muur, hij wilde niets. Zijn moeder was ongelovig, ze had een middelbare schoolopleiding afgerond en dacht dat ze alles wist. En ze maakte hem nog gekker met haar gemoraliseer. Hun buurvrouw, een gelovige grootmoeder, had medelijden met de jongen en haalde hem over om naar de kerk te gaan. Hij begon naar de kerk te gaan.

Het Jezusgebed

Hij begreep niet veel, nam niet veel waar, maar ging van tijd tot tijd. Hij voelde zich onmiddellijk veel beter. Toen maakte hij kennis met onze groep, raakte erbij betrokken, en omdat wij probeerden een christelijk leven te leiden en de vasten min of meer strikt na te leven, begon hij zich ook zo te gedragen. Daardoor voelde hij zich nog beter. Toen we hem vertelden over het gebed van Jezus en hoe hij zijn passies, vooral verdriet, kon bestrijden, begon hij op zijn ziel te letten, bad en gaf alle medicijnen op en werd een normaal mens. Het is waar dat hij moest liegen tegen artsen.

Ze vroegen hem: "Hoe gaat het?" en hij zei: "Niets." "Neemt u uw medicijnen?" - "Dat doe ik, het helpt veel." Als hij had gezegd dat hij niet dronk, hadden ze hem in het ziekenhuis gestopt – zo ging dat toen. Maar hij heeft niet echt iets genomen. Dit is een voorbeeld van het feit dat depressie slechts de toestand van de ziel is, de moedeloosheid door de afwezigheid van God in de ziel.

Wordt de gelovige niet depressief?

Zo'n toestand is eigen aan veel mensen. In feite zien we om ons heen mensen die niet alleen depressief zijn, maar in de diepste wanhoop verkeren. Een beroemde asceet van onze tijd, de aartsimandriet Sophrony (Sacharov), zei dat het moderne ongeloof een gevolg is van wanhoop; de hele mensheid is in wanhoop vervallen. Dat wil zeggen dat mensen zo wanhopig zijn, en zo wanhopen aan hun verlossing, dat ze het bestaan van God ontkennen om in vrede te kunnen leven. Maar de wanhoop neemt alleen maar toe en de persoon probeert het op een of andere manier te smoren. Hij begint bijvoorbeeld te drinken en probeert op die onbeschofte manier gemoedsrust te vinden. Een meer verfijnde manier om innerlijke melancholie te onderdrukken is genieten van kunstwerken, een of andere abstracte bezigheid.

Maar het zou natuurlijk verkeerd zijn om te zeggen dat een gelovige niet ontmoedigd kan zijn. Het gebeurt, en heel vaak. Ik zal nu niet spreken over moedeloosheid als een smartelijke strijd die door demonen wordt veroorzaakt, maar ik zal spreken over de soort moedeloosheid die het meest voorkomt – die van luiheid. Dit is wat de Eerwaarde Gregorius de Sinaïet moedeloosheid noemt. Wanneer hij de belangrijkste passies opsomt, zegt hij "luiheid" in plaats van "moedeloosheid". Dit is dezelfde luiheid, alleen dan met betrekking tot geestelijke en morele onderwerpen. Het is niet wenselijk om naar de tempel te gaan, te bidden, de Heilige Bijbel te lezen en in het algemeen aan je ziel te werken. Waarom? Om de ziel te zuiveren.

Omdat we zien hoeveel ellende we in onze ziel hebben en hoeveel we moeten doen om die schoon te maken. Zo is het ook in het leven: als je ziet dat je een enorme stapel brandhout moet hakken, denk je: "Ja dag!" We kunnen lijden, koud worden, ons in een deken wikkelen en een dutje doen. Er staat een goed voorbeeld in de Otecnik: een vader stuurde zijn zoon om het veld te bewerken. Bij het zien van het veld, zag hij dat het overgroeid was met onkruid, werd hij depressief en ging hij terug naar bed. Vervolgens stond hij op, keek naar het veld en kroop weer in bed. Dit deed hij enkele dagen lang. Toen zijn vader kwam en hem vroeg waarom hij niets had gedaan, antwoordde hij dat hij neerslachtig werd van de hoeveelheid werk die hij moest verrichten en liever in bed bleef. Daarop zei zijn vader hem dat als hij elke dag minstens net zo lang zou werken als dat hij zou slapen, het werk vanzelf af zou komen. De zoon nam het werk op zich en met Gods hulp wiedde hij geleidelijk al het onkruid.

Dit kent iedereen. Als er veel werk te doen is, worden mensen bang en verliezen ze de moed, denkend dat ze al dat werk toch niet af zullen krijgen. Dit is onze gewoonte, die gezien wordt in gewone menselijke activiteiten en die zich ook laat voelen in het geestelijk leven. Wanneer iets niet tot ons komt, zeggen wij onmiddellijk: "Ik kan niet bidden zoals Elia de Profeet, want zijn gebed deed het regenen, dus dan zal ik helemaal niet bidden." Of: "Ik ben al drie hele dagen ascetisch en ik heb nog steeds geen onophoudelijk gebed - wat is er mis?" Of: "Ik ga al drie jaar elke zondag naar de tempel en ik heb nog steeds geen onthouding - hoe is het mogelijk?"

Rechtvaardiging voor ontmoediging

We denken dat er een excuus is voor onze moedeloosheid: "Ik ben er niet goed in." Maar dat is slechts een excuus. Want als iemand geen succes heeft in de dingen van deze wereld, wat doet hij dan? Nou, hij wilde naar de universiteit, maar hij was niet voorbereid en kon niet slagen voor, laten we zeggen, scheikunde. Wat gaat hij doen als hij nog steeds in dit instituut wil studeren? Hij huurt docenten in, bereidt zich grondig voor en bestudeert scheikunde. Het volgende jaar slaagt hij voor het examen en gaat naar het instituut. Niemand is verrast. Alles is normaal. Zo is het ook in het geestelijk leven: wanneer iemand een bepaalde deugd wil verwerven en daar om de een of andere reden niet in slaagt, moet hij ook vaststellen waarom dat is gebeurd en in welk opzicht hij zich moet verbeteren.

Stel dat hij alles goed doet, maar bezwijkt voor trots? Daarom zal hij aandacht moeten besteden aan de bestrijding ervan. Of wat als hij alles goed doet, maar niet genoeg ijver heeft voor het gebed en maar verstrooid bidt? Dan moet hij zichzelf aansporen om te bidden. Maar wij willen niet zulke eenvoudige, elementaire conclusies, die wij in een gewone situatie zonder enige andere aansporing zouden doen, hoeven trekken. We raken ontmoedigd in plaats van hard te werken. Want als we de eerste keer falen, zullen we de tweede of derde keer wel slagen, toch? Zelfs deze strijd, de dwang om deze of gene situatie recht te zetten, brengt de menselijke ziel al genade.

Een tip om ontmoediging tegen te gaan

Hoe ga je om met ontmoediging? Dit kan op veel verschillende manieren. Sommige mensen vinden het bijvoorbeeld nuttig om van tijd tot tijd een goede maaltijd te eten, maar als je alleen op deze manier strijdt en geen andere wijze gebruikt, dan word je misschien niet somber, maar ga je al het andere niet uit de weg. Johannes de Evangelist raadt deze truc aan in de strijd tegen woede. Hij zegt: "Wanneer woede je treft, mag je een kleine troost geven aan je buik. Maar houd het klein, want soms wordt een man zo getroost, dat er zelfvergetelheid voor in de plaats komt!" Dat is natuurlijk niet verstandig. Het is echter toegestaan om een andere truc te gebruiken: humor. Een priester kan iemand in een vrolijke stemming brengen met een onschuldige grap. Het is misschien geen geestelijke vreugde, maar het is nog altijd beter dan ontmoediging. Maar nogmaals, het is een klein trucje dat het probleem niet drastisch oplost.

De beste remedie tegen ontmoediging

En als we het probleem serieus nemen, is de beste remedie tegen ontmoediging natuurlijk het gebed, met name het Jezusgebed. Bovendien moet men in tijden van moedeloosheid zijn best doen om alles gewoon te blijven doen, dat wil zeggen, niet afzien van de gebruikelijke activiteiten, niet afzien van de gebedsregel en zichzelf dwingen om intensief en met aandacht te bidden. Het sterfelijk geheugen helpt ook veel in deze strijd. Het lijkt vreemd: we herinneren ons de dood en onze ontmoediging verdwijnt. Logischerwijs zouden wij ontmoedigd moeten zijn bij de gedachte aan onze onvermijdelijke dood, maar dat is niet zo.

Het is namelijk de herinnering aan de dood, aan het komende leven, die de mens ontnuchtert. Als hij aan de eeuwigheid denkt, beseft hij dat tegen die achtergrond alle aardse zorgen onbeduidend zijn; niet alleen de kleine zorgen, maar ook de ernstige, zoals de strijd die wordt geleverd tegen deze of gene zonde of gevaarlijke ziekten van hemzelf of van familieleden. Dankzij het geheugen van de sterveling verschijnt alles in een ander, namelijk in zijn ware, licht. De persoon is ontnuchterd en begrijpt dat in werkelijkheid alles wat hem in een staat van moedeloosheid brengt, wat hem ontwapent, een luchtspiegeling is en dat het niet nodig is aan dit alles enig belang te hechten.

Zelfvermaning om moedeloosheid te bestrijden

Als we onszelf niet motiveren, zal geen advies, geen wonderbaarlijke kracht of bovennatuurlijke hulp ons helpen. We moeten ons ervan bewust zijn dat we vrije wezens zijn en dat veel afhangt van onze eigen keuze. God staat altijd klaar om ons te helpen. We kunnen zeggen dat Hij zich al naar ons toe heeft gehaast en dat we zijn hulp niet herkennen. We merken het niet eens, omdat we zodanig in de duisternis van de moedeloosheid verzonken zijn, dat we niet eens een beetje willen reageren op deze goddelijke daad die ons sterkt in onze strijd. Het kan zelfs gebeuren dat we helemaal niets doen, maar de moedeloosheid verdragen en onze dagelijkse routines blijven volgen, en dan zal de genade Gods ons hart onmiddellijk troosten en ons doen voelen dat de Heer met ons is.

Het tegenovergestelde van luiheid is ijver. Het is noodzakelijk om een geestelijke ijver te verwerven. Werk is, zoals ze zeggen, hard. Misschien willen we iets niet doen, maar we weten dat het nodig is en we doen het, daarbij vermoeidheid en soms pijn overwinnend. Arbeid wordt veroorzaakt door noodzaak - niet alles wat we doen is alleen maar voor het plezier - en voor het grootste deel is het alleen maar troostrijk als we het werk al hebben voltooid en het resultaat hebben gezien. Zelfs als we met plezier aan een baan beginnen, zullen we onvermijdelijk op moeilijkheden stuiten en deze willen opgeven. Maar stel je voor, een chirurg doet een operatie en het sleept zich voort, het duurt drie uur en hij gooit zijn scalpel neer: "Laat iemand anders maar hechten, want ik verveel me; jij staat hier, al helemaal bezweet." Wat gebeurt er dan?

Luiheid in de menselijke ziel

Luiheid in alle wereldse zaken is absoluut slecht voor de menselijke ziel, maar luiheid in het geestelijke aspect is nog vele malen erger. Als de Heer medelijden heeft met de luie mens in het werk, heeft Hij misschien medelijden met hem, maar er is geen uitweg voor de luie mens in het gebed, de strijd tegen gedachten en hartstochten. Wij moeten niet denken dat de strijd voor de verlossing zo gemakkelijk en eenvoudig is en dat er geen obstakels moeten zijn. Het Koninkrijk der Hemelen is verzorgend. Deze dwang is nodig gedurende het hele leven en niet op de manier dat je nu alles begrijpt, drie dagen werkt en je vervolgens verveelt: alles is goed zoals het is. Mensen ontwikkelen zich en soms moeten zij, nadat zij iets ten goede hebben veranderd, zichzelf steeds opnieuw dwingen te streven naar grotere deugden. Zo gaat hij gestaag verder op weg naar het eeuwige leven, waarbij hij soms de hoogste geestelijke resultaten bereikt, de mooiste en, zoals het hem eerder leek, de moeilijkst te bereiken deugden.

Vraag en antwoord:

Vraag

"Vader, ik kan maar niet beter worden en ik raak er erg door ontmoedigd. Het lijkt onmogelijk om niet ontmoedigd te raken. Het is duidelijk voor mij en voor anderen dat ik nog steeds even gepassioneerd ben als vroeger. Het maakt me aan het huilen. Hoe geef ik niet toe aan moedeloosheid, en in het algemeen, hoe ga ik om met het feit dat ik wil huilen?"

Het antwoord is:

Men kan op verschillende manieren huilen. Als iemand beseft dat hij geestelijk zwak is, en ver verwijderd is van God, dan is het misschien niet echt wanhoop. We moeten wenen om onze verlating van God of, beter gezegd, om het feit dat wijzelf God hebben verlaten. Huil, toon berouw en bid. Het is goed om hier verdriet over te hebben. Als iemand zich verzoent met zijn ellendige toestand en alle strijd staakt, is dat niet goed. Maar wat is het verschil tussen boetvaardige rouw en verslagenheid? Wanneer iemand spijt heeft van zijn zonden, wil hij iets doen om zijn toestand te verbeteren. Als hij zich machteloos voelt, begint hij te bidden met meer ijver, meer aandacht of gewoon met meer rust en geduld. Ongelukkig zegt de persoon: "Het is tevergeefs, je zult nooit iets doen; je bent geboren als onrendabel persoon, het is je natuur." Natuurlijk moeten we zulke gedachten niet geloven. Klagen over geestelijke leegte, maar toegeven aan wanhoop en hopeloosheid, kan in geen geval.

Hoe niet toegeven aan moedeloosheid?

Geef er niet aan toe, zo simpel is het. We moeten onthouden dat verleidingen altijd de vorm aannemen van aannemelijkheid. En ontmoediging is ook gebaseerd op de werkelijke stand van zaken. Het kan gebaseerd zijn op sommige van onze mislukkingen, op onze ondeugden die ons ontmoedigen en ons zeggen: "Je kunt echt niets, je kunt niet zorgvuldig bidden, je kunt je woede niet overwinnen, je bent lui." We geven toe aan deze dwang en geven ons volledig over aan de passie van de moedeloosheid. Een onpartijdig persoon zou zien dat de aannemelijkheid van deze gedachten denkbeeldig en oppervlakkig is. Maar we zijn niet onbewogen, dus is het beter dat we deze waarheid helemaal niet zien, dan dat we erdoor in de verleiding komen als we haar wel zien. Zo moeten we alle verleidingen behandelen, of het nu moedeloosheid is of iets anders.

Hier is een voorbeeld, maar ik wil u waarschuwen dat het niet letterlijk op een slechte manier moet worden opgevat: een asceet ging naar de rivier om water te putten en viel door demonische aansporing in vleselijke zonde met een vrouw die hij daar ontmoette. Op de terugweg zong hij psalmen en bad hij om niet in moedeloosheid te vervallen. De duivel verleidde hem met gedachten dat hij verloren was, dat alles verloren was, dat zijn jarenlange heldendaden tevergeefs waren geweest, maar hij gedroeg zich alsof er niets gebeurd was. Tenslotte verscheen de duivel zichtbaar aan hem en zei: "Waarom gedraag je je zo, je bent in doodzonde gevallen?" En hij zei: "Het is nooit gebeurd." Dus ging hij naar zijn cel, streefde op dezelfde manier en verdiende door berouw en heldendaden vergeving van zonden.

Een ander soortgelijk geval: twee kluizenaars spanden samen door satanische bezieling, kwamen naar de stad, verkochten hun handwerk en verspilden de opbrengst. De hele nacht pleegden zij ontucht en dronken zij. Daarna zei een van hen: "Alles is verloren, ik ben verloren, ik had genade, bovennatuurlijke gaven, nu heeft het mij allemaal verlaten, er is geen redding meer voor mij." De ander, echter, was aan het bidden, psalmen aan het zingen, en bevond zich in een vreugdevolle stemming. De eerste vraagt hem: "Waarom gedraagt u zich zo? Weet u niet meer dat u heeft gedronken?" Waarop hij antwoordt: "Jawel, we waren bij de bisschop en hij eerde ons met zijn wijn." Waarop de eerste zegt: "Welke bisschop, waarom ijlt u? Weet u niet meer wie u gekust heeft?" En de tweede antwoordt: "Jawel, de aartsbisschop vereerde ons met zijn heilige kus." Toen zei de kluizenaar tegen hem: "Je bent gek van zonde!" en sloeg hem in het gezicht. Ze kwamen terug in de woestijn en de kluizenaar die beweerde dat hij de bisschop had gekust, bleef bidden alsof er niets was gebeurd. De eerste kluizenaar werd wanhopig, keerde terug naar de stad en stierf daar zonder berouw. Maar de tweede, alsof hij geen aandacht besteedde aan wat er die nacht had plaatsgevonden, leefde zijn leven zoals voorheen. Hij kreeg de genade van God terug en de Heer was hem genadig.

Ik zeg dit om duidelijk te maken dat wanneer er gedachten bij ons opkomen, ook al lijken ze rechtvaardig, we in geen geval moeten toegeven aan de hartstocht. Zondige gedachten hebben, zoals ik al zei, altijd een aannemelijk uiterlijk. Als je op de vastendag naar een of ander mager gerecht kijkt, lijkt het je onmogelijk het te verdragen dat je het meteen moet opeten. Is het waar dat het goed smaakt? Het is waar, maar die waarheid is satanisch. Zo ook neerslachtigheid: "Ik heb gezondigd, ik kan niets doen," is dat de waarheid? Het is niet van God en je kunt het niet geloven. Zo simpel is het. Wanneer iemand te logisch begint te redeneren, vergeet hij één simpel ding: dat zijn logica onder invloed is van zijn passies. Het is de logica van de passies - woede, gulzigheid, moedeloosheid, of wat dan ook. Het leidt hem naar een bepaalde, logische conclusie voor die passie. Daarom is het beter om niet te redeneren, maar om gewoon te zeggen: nee, en dat is alles, ik accepteer het niet. En om te bidden, natuurlijk.

Vraag:

"Ik raak bijna dagelijks ontmoedigd, maar ik denk niet dat ik de enige ben. Om de een of andere reden zijn er in mijn leven veel mislukkingen en onaangename verrassingen waardoor ik depressief word."

Het antwoord is:

Iedereen heeft mislukkingen en problemen, maar als iemand op zo'n manier reageert op elk wissewasje, betekent dit dat zijn passie voor moedeloosheid extreem sterk in hem is. Het heeft geen reden nodig - het vindt overal gelegenheden. Onder invloed van onze passies lijken zelfs zaken die geen aanleiding zijn tot verdriet mensen duidelijk verdrietig te maken. De ander kan zich ergens op verheugd hebben, maar de depressieve persoon is verdrietig.

Stel dat een boekenliefhebber een bibliotheek binnenloopt en zich verheugt: "Kijk eens hoeveel boeken er zijn! Ik kan hier niet weg!" En een ander, die geen boekenliefhebber is, komt binnen en zegt: "O, dit is verschrikkelijk! Moet dit allemaal gelezen worden? Ik zal het nooit lezen. Ik ben een dwaas en ik zal sterven als een dwaas." Daar heeft de man de situatie gecreëerd. Ze ging met hem naar de bibliotheek. Hij zal nooit iets lezen, alles is verloren, alles is nutteloos. Onder invloed van passie richt de man zijn aandacht op de voorwerpen die die passie voeden: zijn innerlijk oog pikt iets uit zijn omgeving en verwaarloost iets anders.

En juist de gewoonte van de mens om naar zijn passie te handelen beperkt hem tot een bepaald kader. Hij gedraagt zich overeenkomstig zijn gewoonte: hij maakt enkele gebaren, kijkt op de een of andere manier, zegt iets, onderneemt iets - en dan "bevindt hij zich weer in een ongunstige situatie". Maar dit is zelfrechtvaardiging. Ja, de situatie is ongelukkig, maar het is onze eigen schuld. We dragen het overal met ons mee. We creëren het niet alleen om ons heen, we leggen het ook aan anderen op: we mopperen erover en besmetten anderen met deze stemming.

Wat is ons advies? Zoveel mogelijk worstelen met de passie van moedeloosheid, ertegenin gaan, onszelf dwingen om als het ware de gewoonte van moedeloosheid op te geven. Maar natuurlijk moeten we geduld hebben en begrijpen dat we deze passie niet in één keer kunnen uitroeien, en moeten we niet depressief worden wanneer we weer depressief zijn.

Vraag:

"Vader, is het mogelijk dat wij geen droevige omstandigheden kunnen verdragen omdat de passie van moedeloosheid in ons werkzaam is?"

Antwoord:

Dominee Nil Sorsky definieert het als een passie van verdriet. Maar het kan zijn dat er moedeloosheid in het spel is. Elke passie heeft een bepaalde verleiding, bijvoorbeeld met de verloren passie wordt men verleid door de schoonheid van het menselijk lichaam. Er is geen zonde in schoonheid, de mens is zo geschapen door God en daar is niets mis mee. Een ware christen, gepassioneerd, zuiver, zou het moeten bewonderen; God loven zoals hij Hem prijst wanneer hij de natuur beschouwt en misschien nog veel meer. De profeet David zegt: "Loof de Heer jonge mannen, maagden, ouderen" (zie Psalm 148:12). Maar de duivel arrangeert de dingen zo, dat we op de verkeerde manier kijken: de schoonheid van het menselijk lichaam roept een onreine passie in ons op.

Een ander voorbeeld. Stel dat iemand voor onze ogen iets verkeerds doet. We zouden met die persoon moeten meeleven, hem iets moeten vertellen of tenminste inwendig voor hem moeten bidden, maar we reageren met woede. Als we alles met een helder oog zouden bekijken, zou het ons aanzetten tot goede daden, of zou het goede gedachten en gevoelens oproepen.

Wanneer wij dus op de verkeerde manier reageren, activeert dit in ons de hartstochten: in het eerste geval verkwisting, in het tweede woede. Hetzelfde kan gezegd worden van droevige omstandigheden. Zo zou ziekte ons bijvoorbeeld tot inkeer moeten brengen, tot nederigheid en geduld, maar in plaats daarvan veroorzaakt het murmureren, droefheid, neerslachtigheid, wanhoop. Waarom? Omdat we de gebeurtenis opnieuw verkeerd bekijken en daardoor in de verleiding komen. Als wij gedachten van weeklagen, droefheid of morren zouden verwerpen, zou de deugd op natuurlijke wijze in ons werken, omdat de mens de goedheid heeft behouden die reeds bij de schepping aan onze voorouders werd geschonken (de deugd is als het ware natuurlijk voor onze ziel) en de genade die ons in het sacrament van het doopsel werd geschonken zou des te actiever zijn. Dan zouden wij, de passie verwerpend, met een helder oog dit of dat verschijnsel waarnemen, in dit geval verdriet, en zelfs God danken, zoals Johannes Chrysostom deed, niet alleen de grote leraar, maar ook de grote asceet. Hij zou altijd, in de meest trieste omstandigheden, zeggen: "Dank God voor alles!" En nog voor zijn dood, toen hij heel ziek was, in de meest vernederde toestand, ver van zijn vaderland, zei hij: "Eer aan God voor alles!"

Vraag:

"Kan er berouw zijn met een vleugje wanhoop of ontmoediging? Of is het gevoel van berouw altijd een zuiver gevoel?"

Het antwoord is:

Natuurlijk voelt iemand die berouw heeft enige bitterheid, maar die bitterheid wordt opgelost door troost en hoop. En hoe sterker de bitterheid, hoe overvloediger de troost moet zijn. Bijvoorbeeld, die mensen die zich zo durfden te vernederen dat ze van zichzelf zeiden: "Allen zullen gered worden, ik alleen zal verloren gaan" of "Waar de satan is, daar zal ik zijn", hadden zeker een genadevolle troost die hen in staat stelde het lijden te verdragen dat voortkomt uit een dergelijke nederigheid. Maar als iemand van ons zich aan zo'n redenering waagt, leidt dat zeker tot wanhoop. Daarom is het noodzakelijk ons te verootmoedigen in de mate van onze ervaring, zoals de Heer die geeft, dat wil zeggen een boetvaardige stemming te hebben, de dood te gedenken en naarmate wij geestelijk groeien, zal onze verootmoediging zich verdiepen.

Gebed tot het icoon van de Moeder Gods "Borg voor de zondaars":

Troparion, toon 4:

Alle moedeloosheid is nu verstomd / en de angst voor wanhoop verdwijnt, / zondaarsharten worden getroost / en de hemelse liefde verlicht: / vandaag reikt de Moeder Gods ons haar reddende hand / en vanaf haar onbevlekte beeltenis zegt zij: "Ik ben de Borg van de zondaars voor mijn Zoon, / die mij de hand gaf om mij voor hen te horen. / Daarom, mensen die belast zijn met vele zonden, val aan de voet van haar icoon, huilend met tranen: O bemiddelaar van de wereld, bemiddel voor de zondaars, smeek met uw moederlijke gebeden de Bevrijder van allen, dat hij met goddelijke vergeving onze zonden bedekt en voor ons de heldere deuren van het paradijs opent, want u bent de voorspraak en de redding van het christelijke ras.

VERHEUGT U ALTIJD!

Aartspriester Alexander Shargunov

Op het vreugdevolle feest van Sint Nikolaas, dat het begin inluidt van het naderende kerstfeest, herinnert de Kerk ons eraan dat wij ons altijd moeten verheugen. "Verheugt u altijd! Altijd! Dat is precies wat de apostel Paulus schrijft. En alsof hij bang is verkeerd begrepen te worden, voegt hij eraan toe: "Ik zeg nogmaals, verheugt u!" Ik twijfel er niet aan dat sommigen, wanneer zij deze woorden horen, denken dat de apostel Paulus een beetje naïef was, of dat hij te enthousiast was op de dag dat hij ze schreef. Dat komt omdat het onmogelijk is om je altijd te verheugen.

Het is onmogelijk, omdat het leven niet altijd vreugdevol is, omdat iets wat in het leven gebeurt ons soms doet huilen, omdat we allemaal vaak nederlagen moeten lijden, gewond moeten zijn, gebroken, diep bedrogen, verward. En daarom verblijden wij ons niet maar zijn wij verdrietig.

Ik ken persoonlijk veel mensen die in droefheid leven in plaats van in vreugde. Ik ken kinderen die vaak verdrietig zijn, die grote verdrietige ogen hebben. En ze hebben redenen om verdrietig te zijn. Niemand begrijpt ze. Ze worden vaak geslagen. Ze hebben geen kleren, speelgoed, of voedsel. Ze hebben vooral gebrek aan aandacht en liefde. Ik heb het niet alleen over de miljoenen straatkinderen in ons thuisland, maar ook over de jonge mensen die vaak verdrietig zijn. Zij zijn verdrietig omdat het slecht gaat in hun gezin, of omdat het slecht gaat op hun school, of omdat zij in een land wonen waar het lijkt alsof er oorlog is, hoewel het een tijd van vrede lijkt te zijn. Ik ken ouders die verdrietig zijn. Zij worden gekweld door de houding van hun kinderen tegenover hen en de levenswijze die hun kinderen leiden. Ze hebben moeite om de eindjes aan elkaar te knopen en heel vaak lukt dat niet. Ze hebben geen baan of ze hebben een baan waarvoor zij al maanden of jaren niet betaald hebben gekregen.

Ik ken ook ouderen die verdrietig zijn. Ze zijn verdrietig omdat honger hen dwingt te scharrelen. Zij zijn bedroefd omdat zij hun bloed hebben vergoten voor het vaderland op de velden van grote veldslagen en hun hele leven hebben gewerkt zonder zichzelf te sparen, en nu worden de overblijfselen van hun vaderland voor hun ogen in stukken gehakt en bespot. Ze zijn verdrietig omdat ze ziek zijn en alleen sterven. En zelfs hun eigen kinderen bezoeken hen niet. Er zijn te weinig redenen voor hen om zich te verheugen.

Waarom roept de Kerk dan iedereen op om zich te allen tijde te verheugen? Zou het kunnen dat zij een goedhartige dromer is die zich wreed vergist en ons uitnodigt tot het onmogelijke? Om deze vraag te beantwoorden, moeten we goed luisteren naar wat de apostel zegt. Hij zegt niet simpelweg "Verheugt u altijd." Hij zegt: "Verblijdt u altijd in de Heer." Dat betekent: verheugt u, omwille van de Heer Jezus Christus. Verblijdt u altijd, want de Heer Jezus Christus heeft u altijd lief en is altijd bij u.

Als wij deze woorden begrijpen, zal het ons duidelijk worden dat zij niet naïef zijn, maar vol van diepe betekenis.

De voortdurende vreugde waartoe de Kerk ons oproept is in de eerste plaats een verborgen vreugde die voortkomt uit ons geloof in God en ons vertrouwen in Hem. Dit is het soort diepe vreugde dat ons laat weten dat God van ons houdt en dat ons leven in Zijn handen is. Van Zijn liefde gaat een straal van vreugde uit, die het diepst van ons hart raakt en die ons nooit verlaat, wat ons ook overkomt.

Verblijdt u altijd, omdat Christus altijd naar u toekomt, omdat Hij uw hand vasthoudt en omdat Hij met u wandelt door uw leven, wat het ook moge zijn. Hij is onze Verlosser, Hij is onze vreugde en in de nacht van Kerstmis zullen wij opnieuw dit goede nieuws uit de hemel horen: "Zie, ik breng u vreugde die aan alle mensen ten deel zal vallen."

Zoeken wij deze vreugde die alleen God kan geven? Kunnen wij dit goede nieuws ontvangen met een hart vol geloof en kunnen wij leven op een manier die ons hele wezen openstelt voor de vreugde en de vrede die elke geest te boven gaat?

Zelfs degenen die alleen met Kerstmis en Pasen in de kerk verschijnen en doopwater uitdelen, komen naar het feest van Sint Nikolaas. Deze mensen doen me altijd denken aan de menigte die naar de Jordaan trok naar de Voorloper. Ze kennen Christus nog niet. Voor hen is Sint Nikolaas net als de Voorloper. Sommigen hopen van hem in de eerste plaats bevrijding van moeilijkheden te ontvangen, waarvan iedereen er meer dan genoeg heeft. Anderen vragen wat zij moeten doen om verlossing te vinden, om Christus te ontmoeten, om in hun leven de vreugde en vrede te ontdekken die van God komt.

U zult zich herinneren hoe Johannes de Doper zulke mensen antwoordt dat er van hen niets buitengewoons wordt verlangd, dat zij eenvoudig moeten leven, delen met anderen wat zij hebben, hun menselijke plicht tegenover anderen moeten vervullen. "Wie twee kleren heeft, moet ze aan de armen geven, vraag niet meer dan wat u toekomt, doe niemand geweld aan en beledig niemand." Dat is waar je moet beginnen: met het eenvoudigste en het makkelijkste.

Sint Nikolaas beantwoordt al onze verzoeken met deze woorden. Als wij ze volgen, zal ons bewustzijn beginnen te veranderen en op een dag zal de Heer ons laten weten dat Sint Nikolaas datgene van Hem ontving, waardoor hij een ster van de eerste grootte werd onder de ontelbare menigte van heiligen. Zijn faam staat naast die van de eerste apostel en "de grootste van hen die uit vrouwen geboren zijn." Hij is echt een Kerst- en Paasheilige. Hij openbaart het mysterie van de Godheid: God werd mens, zodat de mens God kon worden. En deze vreugde wordt aan allen aangeboden.

Vreugde is het sleutelwoord van het Evangelie. De hoogste mysteries van het leven zijn de geboden van gelukzaligheid, onuitsprekelijke vreugde. God zegt niet dat het gemakkelijk kan worden verkregen, in één keer, alleen door te wensen. Hij zegt dat wij door vele beproevingen daarbinnen moeten gaan. Hij zegt: "Verheugt u en weest zeer verblijd, want uw loon is groot in de hemel." De vergelding zal in het volgende tijdperk zijn, wanneer het einde van alle droefheid zal komen. Maar we moeten deze vreugde hier erkennen, als we geïnspireerd willen worden om een authentiek leven te leiden. Omwille dat wij de weg moeten zien, zijn er feesten en omwille hiervan zijn er vastentijden, omwille hiervan richten wij al onze gebeden tot Sint Nikolaas, omwille hiervan werken wij waartoe de Voorloper oproept.

Meer dan de helft van de orthodoxen in ons vaderland is gedoopt en als allen, zelfs zij die regelmatig naar de kerk gaan, biechten en ter communie gaan, zouden horen wat de Heilige Nicolaas de Wonderdoener ons vandaag aanbiedt, zouden veel van de zorgen van onze kinderen, onze jongeren, onze ouders en onze ouderen over wie wij spreken, worden weggenomen. Er is geen aantal wonderen dat door Sint Nikolaas is verricht, wij hebben er allen in niet geringe mate over gehoord en gelezen en misschien zijn wij zelf meer dan eens overtuigd geweest van de snelle hulp van de Heilige. Maar in werkelijkheid is er maar één wonder, namelijk te weten komen welke rijkdom Sint Nikolaas en wij hebben en ons altijd daarover te verheugen. Want uiteindelijk is het doel van ons leven niet om geen smarten te hebben, maar om de vreugde te vinden waarin alle smarten verdwijnen.

Christenen moeten herkenbaar zijn aan deze vreugde. Als ze deze schat echt gevonden hebben, is het al het andere waard. Het is ons levenswerk. Heb de moed om het op een dag te weten, zodat je, zoals in de gelijkenis van het Evangelie over de schat in de akker, niet aarzelt om alles te verkopen om hem te kopen. Dit is het Koninkrijk der Hemelen, dit is Christus zelf. Hem te vinden is altijd verheugd te zijn, maar op voorwaarde dat ik alles geef om Hem te ontvangen. Ik kan dit geschenk niet krijgen als een plotselinge ongelooflijke meevaller, maar alleen door al het andere te verkopen. Verwerving is onvergelijkbaar met wat dan ook, maar het vereist alles. Het is onmogelijk om beide te willen hebben.

Het feest van Sint Nikolaas roept ons op tot moedige actie, tot een beslissende wending in ons geloof. Als we halfslachtig blijven leven, zal niets werken. Wie een beetje op God vertrouwt en een beetje op zijn portemonnee, zal nooit de vreugde kennen waartoe God ons roept. Niets is triester dan het te vinden en niet de gelegenheid te baat te nemen om het pad te bewandelen waar er altijd alleen maar vreugde is. Wat heeft het voor zin om hem elke dag voor de icoon van Sint Nikolaas te vragen ons alleen in aardse zaken te helpen en niet te zien dat hij voor ons staat in de kledij van een bisschop van de Orthodoxe Kerk - met in zijn hand het Evangelie, dat luidt: "Indien wij in dit leven alleen op Christus vertrouwen, zijn wij ellendiger dan alle mensen." Terwijl de verrezen Christus aan allen die Hem liefhebben de vurige, eeuwige vreugde van Pasen schenkt - de vreugde die door het Kruis tot de hele wereld kwam.

"Russisch Huis"

ANGST IS ERGER DAN HETGEEN WIJ VREZEN

Het onderwerp van menselijke angst weerklinkt in de wereld van vandaag. En daar zijn in feite genoeg redenen voor. Hoe kunnen we geen slaaf worden van onze eigen fobieën en angsten, hoe kunnen we de angst voor het leven zelf overwinnen en niet toestaan dat die een totale hinderpaal wordt voor onze ontwikkeling? Wat is de betekenis van de strijd tegen de angst in het christelijk leven? Hegumen Nektary (Morozov) gaat in dit artikel hierop in.

Menselijke angsten zijn even gevarieerd als de aard van de menselijke ziel. Sommigen zijn bang voor de dood, die voor de mens onvermijdelijk is, sommigen zijn bang voor pijn, sommigen zijn bang voor ziekte en elke vorm van lijden, sommigen zijn bang voor oneer en schande, sommigen zijn bang voor eenzaamheid en verlatenheid, sommigen zijn bang dat hun leven in het algemeen niet zal verlopen zoals zij dat graag zouden willen. Voegt men daaraan toe de angst voor de duisternis, de angst voor verschillende wereldse gevaren, de angst voor het onbekende, eveneens kenmerkend voor velen, dan blijkt uiteindelijk dat de mens niet alleen bang is voor iets op zichzelf, maar ook voor het leven als een zeker universeel gegeven, waarin hij geplaatst werd toen hij in deze wereld kwam.

Wat is de reden voor deze angst? In de eerste plaats omdat de mens vaak niet weet wat het leven is, niet begrijpt waarom het hem gegeven is, en zelfs wanneer hij het schijnt te weten en te begrijpen, is deze kennis en dit begrip niet het bezit van zijn hart. Daarom is het gemakkelijker voor de mens om niet te leven, maar te zwelgen, zich in een hol te verschuilen, zich op te sluiten in zijn kleine kamer, in de hoop weg te blijven en alle ernstige beslissingen, beproevingen, schokken, waarbij zonder deze het menselijk leven niet voorbijgaat, te vermijden.

In feite vindt daardoor de vorming van de mens plaats - door het feit dat hij in zijn leven veel moeilijke en, in de context van ons gesprek, "enge" dingen moet meemaken. En natuurlijk ontneemt een dergelijke vermijding een mens niet alleen enkele belangrijke indrukken in zijn leven, maar misvormt ook zijn persoonlijkheid, geeft haar niet de vorm die zij volgens Gods plan zou moeten hebben. Als een mens tegelijkertijd met de stroom blijft meegaan, als hij zijn angst als een bepaalde norm ervaart, kan dit hem vernietigen tot het punt waarop hij een geestelijke stoornis krijgt. Daarom kunnen angsten natuurlijk niet worden getolereerd, er kan niet met hen verzoend worden, niet met hen worden versmolten - zij moeten gedurende het hele leven worden bestreden en overwonnen.

Een heilig vaderlijk principe

Er bestaat een prachtig principe om met angst om te gaan, dat door de heilige vaders wordt beschreven en dat letterlijk in alle levenssituaties kan worden toegepast: om de angst te overwinnen, moet men eropaf gaan. Wat betekent dit? Ter illustratie kunnen wij het voorbeeld aanhalen van de raad die de monnik Johannes Climacus gaf aan zijn tijdgenoten, de monniken van de Sinaïwoestijn: wanneer men werd blootgesteld aan demonische nachtmerries, gaf hij de raad om 's nachts naar het kerkhof te gaan en daar in gebed te blijven. Ik wil er meteen bij zeggen dat ik geenszins aanbeveel dat iemand vandaag hetzelfde zou doen, want dit soort daden werd voorgesteld aan de kluizenaars, wier levensomstandigheden heel anders waren dan de onze. Maar het algemene principe is precies hetzelfde. Ben je bang? Ga naar een plaats waar je erg bang zult zijn en overwin daar je angst.

Wat heb je nodig om dit principe in je leven te realiseren? Allereerst moeten wij onze aandacht richten op de episode uit het Evangelie waarin de Verlosser tot de apostelen komt bij het water van het meer van Gennesaret. Voor de discipelen van Christus is het een moment van angst, met de angst om te zinken, gevoegd bij de angst om de gestalte van Christus bovennatuurlijk op zich af te zien komen. Wat doet de apostel Petrus in deze situatie? Hij overwint zijn angst op dezelfde manier als waar wij het over hebben: in plaats van zijn ogen te sluiten, ergens ineen te kruipen en dit beangstigende beeld niet te zien, vraagt hij het bevel om uit de boot te stappen en op de woeste golven te lopen.

Eerwaarde Isaac de Syriër zegt dat als je naar de dood loopt, de dood van je zal wegvluchten. Het gaat hier natuurlijk niet om regelrechte roekeloosheid, maar dat wij, door onze houding te veranderen ten opzichte van iets wat ons beangstigt, het uit ons leven kunnen bannen. Een eenvoudig voorbeeld: een kind is bang om in het donker te slapen. Er zijn twee manieren om hiermee om te gaan: laat 's nachts het licht aan en hij zal in het licht slapen tot hij volwassen is, of neem zijn hand en ga met hem het donker in, ga de hele flat rond - eerst met een zaklamp, dan op de tast - en laat hem zien dat niemand zich in het donker verstopt. In elke situatie moeten we kijken hoe we onze angst kunnen overwinnen. Hier is een ander veel voorkomend voorbeeld, laten we zeggen: een persoon is bang om een andere persoon te benaderen, om iets te vragen. Zo'n buitensporige verlegenheid is meestal gebaseerd op ego en trots: men is bang om zich in iemands ogen te verlagen, om belachelijk en hulpeloos over te komen. Dit is heel eenvoudig overwonnen: ik durf gewoon te doen waar ik bang voor ben. Je moet dit voortdurend leren, te beginnen met de meest elementaire zaken, en dan zul je in staat zijn om jezelf te beheersen op de meer uitdagende momenten.

Het enige waarin angst heilzaam kan zijn, voor zover het menselijke angst betreft, is dat het mensen op een bepaalde manier ontnuchtert. Zelfs in zuiver uitwendige levenssituaties is iemand soms dronken, maar dan doet zich een extreme situatie of een bedreiging voor en plotseling is hij volkomen nuchter. Hetzelfde geldt voor ons innerlijk leven: een plotselinge, doordringende gedachte aan de dood, een gevoel van bedreiging van het leven kan een mens innerlijk ontnuchteren, hem ertoe aanzetten tot bezinning te komen en zijn leven te heroverwegen. Helaas ontnuchtert de gelovige door dergelijke omstandigheden vaak niet en komt hij niet tot bezinning, maar raakt hij in paniek, waardoor hij integendeel zijn verstand verliest.

Stop met bang te zijn om te overleven

Soms zeggen mensen: "Nou, hoe kun je niet bang zijn voor echt gevaar?" Laten we zeggen dat er een natuurramp is... Bij reëel gevaar is het natuurlijk dat een mens bang is: het lichaam wordt in staat van alertheid gebracht door het instinct van zelfbehoud. Maar ook hier geldt: toegeven aan angst is zinloos, het gevaar wordt niet kleiner. Integendeel, wanneer je bang bent, verlies je je vermogen om actie te ondernemen en word je kwetsbaarder: je armen en benen voelen wat zwaar aan, je kunt kortademig zijn en je gevoel voor realiteit verliezen. Wat als je moet vluchten uit een huis dat in brand staat? En wat als je iemand anders uit het huis moet halen? Het is duidelijk dat iemand die zijn reacties tot op zekere hoogte onder controle heeft, een betere kans heeft om zich te oriënteren en te ontsnappen dan iemand die zich door deze aandoening volledig laat overrompelen.

Hoe voorkom je dat dit gebeurt? Om de angst weg te nemen, moet het gezond verstand voorop staan. Tegelijkertijd kun je tegen jezelf zeggen: "Ik ben bang, ik ben heel bang, maar juist omdat ik heel bang ben, moet ik ophouden bang te zijn - dat is nodig om te overleven." Je moet beseffen dat bang zijn, in feite, het engste is. Angst is een zeer verontrustende toestand. Het is zelfs erger dan datgene waar we bang voor zijn en het is in de meeste gevallen de angst die doodt, niet datgene wat de angst in de eerste plaats veroorzaakte. Als je bang bent voor angst, moet je ophouden bang te zijn - dat is de formulering, hoe paradoxaal het ook klinkt. Anders, in moeilijke situaties, red je het gewoon niet.

Niet alleen zwakheid, maar ook zonde

Als we vanuit geestelijk oogpunt over angst spreken, is die altijd gebaseerd op ongeloof in God. Daarom is vrees niet alleen een ramp, niet alleen een zwakheid en een gebrek, maar ook een zonde. Als de mens bang is voor iets in zijn leven, betekent dit dat hij ofwel denkt dat God niet om hem geeft en hem op een bepaald moment vergeet, ofwel dat hij denkt dat God niet van hem houdt, en dat is godslastering tegen God, want niemand is onbemind bij God. Of iemand denkt dat God hem om de een of andere reden iets wil aandoen dat hem zal schaden en hem een slecht gevoel zal geven - ook dat is weer godslastering en een vreselijk wantrouwen. Het is ondankbaar jegens God, maar wanneer wij bang zijn, brengen wij dat meestal niet in verband met de belediging die wij de Goddelijke Liefde aandoen, door deze angst in ons hart toe te laten. Maar we moeten dit wel in verband brengen met elkaar. En we moeten onszelf noodzakelijkerwijs herinneren aan de woorden van het Evangelie dat zelfs geen klein vogeltje op de grond valt zonder de wil van onze hemelse Vader en dat alle haren op ons hoofd geteld zijn (zie: Mt 10,29-30). En daarna is het nuttig om deze woorden te zeggen: "Heer, dit is hoe U het wilt, wat U wilt dat er met mij gebeurt, laat het zo zijn."

Soms lijkt de angst van de persoon gebaseerd te zijn op een religieus gevoel: het is de angst om plotseling te sterven, geen tijd te hebben om zich op de eeuwigheid voor te bereiden. Maar volgens de heilige Vaders, in het bijzonder de heilige Dorotheos, neemt God nooit iemand die zich wil voorbereiden op het eeuwige leven voordat Hij hem helpt om dat te doen voor zover dat voor die persoon in principe mogelijk is. Iets anders is, dat als iemand gedachteloos leeft, zonder na te denken - dan kan zijn dood inderdaad zowel onverwacht als rampzalig zijn. De eerwaarde Isaäk de Syriër zegt dat degene die moedwillig zondigt in de hoop later berouw te hebben, geen tijd heeft om berouw te tonen omdat hij plotseling sterft. Maar als wij worstelen met onze zonden en hartstochten en oprecht berouw tonen als wij struikelen, hoeven wij ons niet bijzonder te schamen voor de gedachte aan een plotselinge dood. Iedereen sterft wanneer de Heer hem oproept, hetzij door zijn eigen natuurlijke dood, hetzij ten gevolge van extreme omstandigheden. In deze gedachte moet ons hart leren troost te vinden. Want alles wat de Heer met ons doet, doet Hij in zijn barmhartigheid en liefde.

Hegumen Nektary (Morozov)
21 juni 2016

ONBESCHOFTHEID

RECEPTEN OM HET TE BESTRIJDEN

Men heeft voortdurend te maken met verschillende uitingen van het openbare leven, en onbeschoftheid is helaas een van de meest voorkomende. Hoe men het ook bestrijdt, het resultaat is altijd hetzelfde: nul. Elk middel om een onbeleefd persoon proberen te beïnvloeden, leidt meestal enkel tot conflicten. De hegoumen van het Kyiv Ioninskij Heilige Drie-Eenheid-klooster, bisschop Jonah van Obukhov, staat bekend om zijn uiterste discretie en beleefdheid, dus we besloten hem hierover te ondervragen. Hoe beïnvloed je degene die onbeleefd is? Is het de christelijke manier om een belediging 'in te slikken'? Laten we door te zwijgen en discussies te vermijden de onbeschoftheid juist niet toe?

Reageer op onbeleefdheid met humor

Vader, wat zijn volgens u de beste manieren om op onbeleefdheid te reageren?

Om te beginnen zijn er verschillende soorten onbeleefdheid. En de reactie kan dienovereenkomstig verschillend zijn.

Als iemand onbeleefd is tegen u persoonlijk, is het juiste om te doen, naar mijn mening, om je "terug te trekken van het kwaad en het goede te doen". Het is beter om een stap opzij te zetten en niet met onbeschoftheid op onbeschoftheid te reageren, om de spanning die al bestaat niet te verhogen. Als het enigszins mogelijk is, is het beter om dergelijke vertoningen te negeren.

Zo niet, dan kunt u proberen humoristisch te zijn en vriendelijk te reageren. In ieder geval is er niets ergers dan met kwaad te reageren op kwaad: daarmee dragen we bij aan de toename ervan. We moeten proberen zo vriendelijk mogelijk te zijn tegen degene die je beledigd heeft. Dat zou de christelijke manier zijn; Gods manier.

Ik zal u een veelzeggend verhaal vertellen dat in Berdiansk is gebeurd tijdens een van de conferenties van onze Synodale Jeugdafdeling. Op een dag tijdens een rondleiding door de stad werden onze priesters aangeklampt door een beschonken man. Hij gedroeg zich zeer onbeleefd en gebruikte beledigende woorden om zijn grieven en verwijten te uiten. Dit alles had een irriterend effect op de vaders. Toen ze in de wachtende toeristenbus stapten, kwam de man ook de salon binnen en vervolgde zijn nogal onaangename monoloog. De vaders probeerden hem eruit te zetten, wat hem nog meer ongenoegen bezorgde.

De situatie werd onverwachts gered door een deelnemer aan de conferentie, een leek. Hij was geen priester, hij was niet gewijd, maar hij benaderde de man en met slechts twee of drie woorden kalmeerde hij hem, zodat hij letterlijk voor zijn ogen veranderde: hij hield op met vloeken, huilde plotseling en vroeg om te bidden voor zijn dode dochtertje.

Alle aanwezigen waren verbaasd. De vaders vroegen onze deelnemer vervolgens wat hij tegen de man had gezegd. "Ik vroeg hem wat de naam van zijn dochter was en ik beloofde hem dat deze priesters voor haar en hem zouden bidden," was het antwoord. Dit is een voorbeeld van hoe een goede boom goede vruchten kan hebben. Naar mijn mening is dit een levendige illustratie van hoe men kan reageren op lompheid.

Natuurlijk vereist het een zekere mate van zelfbeheersing, discretie en het cultiveren van deugden. Want helaas is onze ingebakken, standaard sociale respons om op dezelfde manier te reageren. En toch leert het Evangelie ons anders. Dus als je niet met liefde kunt reageren, stap dan opzij.

Wees zelfkritisch

Het is even belangrijk om nuchter en met humor met onszelf om te gaan. Als we onszelf niet verheffen, onszelf niet op een voetstuk plaatsen, dan zullen respectievelijk sommige woorden en uitdrukkingen in onze toespraak ons niet kwetsen.

We stellen onszelf in geen enkel opzicht echt niets voor, vooral niet geestelijk. Wetende dat elke berisping van de lippen van vreemden, elk verwijt aan ons niet als een belediging zal worden opgevat, maar als iets wat "ik met waardigheid aanvaard overeenkomstig mijn daden." Met een nuchter inzicht in mijn geestelijk leven en met het besef dat ik "de eerste, tweede, derde, vierde en vijfde" zonden heb, die niet door de Heer zijn ontmaskerd en bestraft zijn, zal ik elk verwijt dat tot mij wordt gericht als een beloning opvatten.

Dit was het geval met de Eerwaarde Ephrem de Syriër. In zijn jeugd had hij een nogal uitbundig karakter, maar later kwam hij tot Christus en begon hij een ascetisch leven te leiden. Eens werd hij, onschuldig veroordeeld, gevangengezet en bij die gelegenheid wanhoopte hij: hoe, waarom, door die zaak waarvoor ik lijd, heb ik niets te doen? En de Heer troostte en vermaande hem: "Weet je nog dat je indertijd deelnam aan een diefstal, een diefstal die slaagde en waarvoor niemand werd bestraft?" - "Ja, ik weet het nog." - "Weet je nog of jij ook deelnam aan zo'n wetteloze daad?" - "Ja, ik weet het nog." "Waarom mopper je nu? Je krijgt wat je toen niet kreeg."

Inderdaad, vaak is de vernederende behandeling die we krijgen een rechtvaardige vergelding voor onze verborgen zonden.

Spreek vriendelijk

Als we niet reageren, staan we dan niet toe dat onbeleefde mensen zich zo blijven gedragen; niet alleen tegenover ons, maar tegenover iedereen om ons heen?

Soms probeert iemand een onbeleefd persoon te corrigeren door hem te vermanen, te berispen, op zijn plaats te zetten. Naar mijn mening heeft dit alles geen enkel nut. Je moet tenminste enige autoriteit hebben om gehoord te worden.

Als je een groot verlangen of behoefte hebt om iets te zeggen, moet je de persoon benaderen met een positieve houding, met een glimlach en op een vriendelijke manier zeggen wat je wilt. Deze vriendelijkheid moet niet ergens diep in het hart zitten, maar zichtbaar zijn. Dan werkt het.

Het is belangrijk dat de persoon uw berisping en instructie niet opvat als een persoonlijke belediging.

Uit eigen ervaring, wanneer ik iets tegen de kerkgemeenschap zeg, luisteren zij naar mij uit hoofde van het ambt dat mij is toevertrouwd. Maar wanneer in de botanische tuin van de stad, waar ons klooster gelegen is, jongeren bier drinken en roken, is het duidelijk dat ik voor hen niemand ben - een bebaarde man in een priesterkleed. En ze zullen misschien niet reageren op mijn opmerkingen.

Ik herinner me mezelf nog goed als jongeman. Ik herinner me enkele van mijn domme uitingen van verontwaardiging of gewoon het niet begrijpen van serieuze dingen. Dus ik voel geen oordeel of spanning tegenover deze mensen. Ik kan naar ze toe gaan en zeggen: "Jongens, weet je, dit is toch een kerk. Waarom verplaatsen jullie niet een stukje en rook je daar?" Als je vriendelijk spreekt, krijg je de juiste reactie. En deze is zonder uitzondering: "O, excuses, natuurlijk, geen probleem, we gaan al." Mensen zien dat ze worden gerespecteerd, dat ze als mensen worden behandeld en dat ze niet op een onbeleefde of pittige manier op fouten worden gewezen, maar met liefde en genegenheid. In dit geval is het niet de zondaar die wordt berispt, maar de zonde.

Het is een moeilijkere kwestie als onbeleefdheid wordt getoond aan de Kerk, aan de heilige. Het is moeilijk om eenduidig te zeggen hoe men moet handelen. Aan de ene kant kennen we de woorden van Christus: "Wie zich voor Mij schaamt, voor hem zal Ik Mij schamen voor de engelen Gods." Maar aan de andere kant kennen we het gezegde over kralen en varkens: het heeft geen zin parels voor de zwijnen te werpen; zij zullen hen en u in de modder vertrappen.

Er is echte wijsheid voor nodig om in zulke situaties op de juiste wijze te reageren.

Zie jezelf niet als "het geweten van de natie"

Herhaaldelijk hebt u in uw interviews gezegd dat u de parochianen vraagt elkaar niet te berispen, dat dit de taak is van de rector, de broeders en de geestelijken. Hoe zit het met de maatschappij? Aan de ene kant, als we elkaar niet terechtwijzen, zal de maatschappij nooit veranderen. Door al dat gepraat in de bus en aan de telefoon zal de onbeschoftheid in openbare gelegenheden blijven bloeien...

Het heeft enkel zin iets te zeggen als de persoon je hoort.

Maar als ik geen autoriteit ben, mag ik niets zeggen: zullen ze niet luisteren?

Ik denk dat ze niet zullen luisteren.

Om het kwaad te bestrijden, om de zonde te bestrijden, moet iedereen op zijn eigen terrein staan. Als ieder van ons streng is voor zichzelf en zich correct gedraagt tegenover anderen, zal dat onze bijdrage zijn aan het herstel van de samenleving.

Want hoe zien mensen onstuitbare criticasters? In het beste geval met humor, in het slechtste geval met woede. De Schrift zegt: "Wie heeft u over ons laten oordelen?" Evenzo heeft niemand ons gemachtigd het geweten van de natie te zijn en over haar lot te heersen.

Trouwens, in het geval van waarheidssprekers zijn al hun aanklachten vaak uitingen van dezelfde lompheid, maar dan onder het mom van "vechten voor de waarheid". En om de een of andere reden komen al hun vermaningen ook in een lompe vorm tot uiting. Van wat ik op internet ben tegengekomen, heb ik nooit een poging gezien om de situatie recht te zetten met liefde, mededogen, empathie en acceptatie van de persoon. Meestal komt het kwaad altijd bovenop het kwaad, waardoor de animositeit in de samenleving alleen maar toeneemt.

Daarom, als je ziet dat er iets fout gaat, probeer dan eerst aan jezelf te werken. En ook invloed uit te oefenen op degenen voor wie je een autoriteit bent.

Maak een verschil waar je dat kunt

Neem bijvoorbeeld scouting. Het is een geweldige beweging. Wat maakt het uniek in onze context? Dat een paar mensen een enorm verschil kunnen maken voor een groot aantal mensen. Er zijn niet veel scoutsleiders, maar wat ze doen, is geweldig - ze leren kinderen hoe ze voor hun omgeving, hun land en de natuur moeten zorgen. We weten wat voor vruchten scouting oplevert in westerse landen. Er zijn daar geen voormalige scouts; men probeert tot op hoge leeftijd alle scoutsprincipes na te leven. Er is zelfs een grap: "gedraag je als een padvinder", dat wil zeggen: gedraag je duidelijk, correct, doe nooit kwaad en sta altijd klaar om te helpen. Dit wordt soms geplaagd, maar op een vriendelijke manier, want dit zijn deugden die niet anders dan respect kunnen opwekken.

Omdat de scoutsleiders een autoriteit zijn voor hun rekruten, kunnen zij de nieuwkomers ook de beginselen van goed samenleven met de wereld om hen heen bijbrengen. Evenzo kunnen ouders hun kinderen iets leren aan hun ondergeschikten.

Het belangrijkste is hen met liefde te beïnvloeden en hen te bevestigen door het voorbeeld te geven. Een persoonlijk voorbeeld is de belangrijkste opvoeder. Als de tekst niet vergezeld gaat van een passend beeld, zal hij nooit worden begrepen.

Daarom kan de wereld alleen ten goede veranderen als de mensen zelf leven naar de beginselen die zij belijden.

Controleer uw eigen toon

In het algemeen is het belangrijk om nuchter en eerlijk na te denken over het onderwerp dat we bespreken. Er zijn momenten in ieders leven dat we onbeleefd zijn. Ik denk dat er geen mens is die nooit onbeleefd is geweest - op de een of andere manier overkomt deze zondige uiting bijna iedereen. Ik heb het in de eerste plaats over mezelf... En dit gebeurt meestal bij mensen die ons kunnen vergeven, onze onbeleefdheid tolereren of gewoon niet kunnen antwoorden. Dit is totaal onaanvaardbaar en ongeestelijk.

Als je in jezelf zo'n zonde vindt - het verliezen van geduld met mensen die dicht bij je staan - hoe bestrijd je dat dan?

Hierop is geen eenduidig antwoord. Er zijn verschillende situaties.

Soms is iemand onbeleefd omdat hij gewend is zo te leven en het zijn gebruikelijke manier van communiceren is. Soms wordt iemand gekweld op zijn werk of ontstaan er problemen, de spanning stapelt zich op en de persoon haalt uit naar zijn naasten, naar die mensen die hem zeker zullen vergeven.

Ik ken gezinnen die zulke uitbarstingen van energie tolereren en hun zwakheid met liefde bedekken. Onze familieleden zien dat deze persoon moe is, aan verdriet lijdt en zij dienen als een soort bliksemafleider met hun liefde.

Soms zijn we opgelucht als we spreken of schreeuwen. Onze naasten tonen wijsheid en liefde en reageren niet met negativiteit op negativiteit of met ergernis op ergernis. Zij begrijpen dat dit niet te wijten is aan hun slechte houding, maar aan de complexiteit van de situatie die niet kan worden veranderd.

Als je zulke manifestaties bij jezelf ziet, moet je ze ongetwijfeld onderdrukken en blokkeren.

Ik kan over mezelf zeggen dat wanneer ik het gevoel heb dat ik zoiets kan zeggen, een pauze in het gesprek helpt om het af te remmen. Tijdens de pauze heb ik tijd om tot bezinning te komen en probeer ik stil te zijn.

Als je een kleine ascetische daad hebt kunnen verrichten - om je woede en prikkelbaarheid te onderdrukken - zal de Heer je genadevolle troost, vrede en rust geven.

Je bent geliefd; geef feedback

Hoe dient iemand die is uitgescholden zich te gedragen?

Als u de onbeleefdheid van uw geliefde ervaart, kunt u proberen op deze manier met hem of haar te praten: "Ik begrijp dat het moeilijk voor je is, maar het is ook moeilijk voor mij omdat je schreeuwt." Probeer hem of haar op deze of een andere manier te helpen inzien waarom hij of zij uithaalt naar zijn geliefden.

Naar mijn mening is het goed om met geduld en nederigheid feedback te geven, heel subtiel, gedoseerd, maar tegelijkertijd hardnekkig: "stop, stop, het doet me pijn, het doet me pijn, het doet me pijn." Immers, onze naaste, zelfs wanneer hij boos wordt of schreeuwt, houdt niet op het voorwerp van zijn onbeleefdheid lief te hebben, houdt niet op hem vriendelijk te behandelen.

En als wij feedback geven, niet in de vorm van een zogenaamd symmetrisch antwoord, maar met liefde, met verdriet, dan komt de persoon in de regel tot bezinning en probeert hij zijn problemen op een andere manier op te lossen.

HEILIGEN OVER HET HUWELIJK

Het geluk in het huwelijksleven wordt alleen geschonken aan hen die Gods geboden naleven en het huwelijk behandelen als een sacrament van de Christelijke Kerk.

Nektariy van Optina (Tikhonov)

Vrede van geest wordt verkregen door een volmaakte overgave van zichzelf aan de wil van God, zonder wie "geen ding gemaakt is, dat gemaakt is" (Johannes 1:3). En als uw echtgenoot inderdaad niet goed was, vraag uzelf dan in gewetensnood voor God af: "Ben ik, een zondaar, een goede en lieve echtgenoot waardig?" En uw geweten zal u zeker zeggen dat u het niet waard bent een volkomen goede man te hebben en dan zult u in nederigheid van hart, met onderwerping aan de wil van God, hem van harte liefhebben en vele goede dingen vinden die u tot nu toe niet hebt gezien. Het ontbinden van de huwelijksband door dwaasheid en onervarenheid komt voor, al is het in deze wijze tijden niet moeilijk, maar wat zal het antwoord zijn op het laatste oordeel van God? Want God zelf verenigt door middel van het huwelijk de mensheid. Oordeelt u daarom zelf wat beter is: geduld of ongeduld.

Antonius van Optina (Putilov)

De leer van het Evangelie verschilt in het geheel niet van het monastieke leven en voor de wereldbewoners is er slechts één uitzondering: het huwelijk. Maar over de gehuwden schrijft de heilige Johannes Climacus, dat zij zijn als mensen, die boeien aan handen en voeten hebben. Zij kunnen wel op de weg der godsvrucht marcheren, maar met ongemak, daar zij dikwijls struikelen en ten gevolge van dat struikelen zweren krijgen. Het celibate leven en vooral het monastieke leven is gemakkelijker voor de vervulling van de leer van het Evangelie. Voor dit doel is het ingesteld door de heilige vaders.

Antonius van Optina (Putilov)

Het gehuwde leven is door God gezegend en het monastieke leven is het heilige en engelachtige leven, die beide door God gezegend zijn.

Antonius van Optina (Putilov)

Als de zoon gezond is en niet beloofd heeft monnik te worden maar wil trouwen, is dat mogelijk: God zal hem zegenen. En opdat de bruid nederig is, moet je goed uitkijken. Als de moeder van de bruid nederig is, dan moet de bruid dat ook zijn, want zo luidt het oude spreekwoord: "De appel valt niet ver van de boom."

Amvrosy van Optina (Grenkov)

Ik geef u deze raad: allereerst moet u uw toevlucht nemen tot de Here God met het gebed en tot de allerreinste Moeder

Gods - haar voorspraak is sterk bij God: moge Hij uw lot regelen volgens zijn heilige wil, en als het voor u nuttig zal zijn het u aangeboden huwelijk aan te gaan, moge Hij zijn hulp en zegen zenden, en als het niet nuttig is, moge Hij door zijn lot deze zaak verstoren. Zulk een toegeven aan de wil van God, en niet uw eigen wil zoeken, zal u beschermen tegen vele verzoekingen, die van tijd tot tijd zullen opkomen, als men noodzakelijkerwijs vervuld wil worden volgens zijn eigen wil. Neem dan de raad aan van uw verwanten en buren, natuurlijk, de Heer zal hun zeggen u nuttige dingen te vertellen. Toch is het nodig om te weten over zijn religieuze richting en vrome houden van de statuten van onze moeder Orthodoxe Kerk en over zijn moraal, ook al is het gedeeltelijk: de huidige tijden zijn gevaarlijk, er zijn veel vrijdenkers en er bestaat veel ongehoorzaamheid aan de Heilige Kerk; zelfs als je hem leuk vindt, maar als er bij hem geen sterk geloof en vroomheid is, dan adviseer ik u om hem niet te nemen, maar als hij een echte christen en zoon van de Orthodoxe Kerk is, dan adviseer ik met Gods hulp.

Als het Gods wil is om met zo iemand te trouwen en als de zaak kan worden uitgevoerd, dan raad ik u aan om vóór het huwelijk uzelf en hem voor te bereiden op het Heilige Mysterie van Christus. Alvorens een zo belangrijk sacrament als het huwelijk aan te gaan, moet men zich voorbereiden door biecht en gemeenschap met het Heilige Mysterie en gebed, maar niet door bals, muziek en dans, want die stap strekt zich niet alleen uit tot in het leven van deze wereld, maar zelfs tot in de eeuwigheid. En wat zal uw lot zijn in het huwelijk? Het is naar de maatstaf van elke morele bedeling - straffend of belonend. Wat het fortuin betreft is er niet veel om je zorgen over te maken: "Maar zoek eerst het Koninkrijk Gods en zijn gerechtigheid en al deze dingen zullen u erbij gegeven worden" (Matt. 6:33).

Macarius van Optina (Ivanov)

Zij die trouwen uit lust voor hartstocht zijn veelal ongelukkig in het leven.

Joseph van Optina (Litovkin)

Voor een vrouw is het huwelijk een dienst aan de Allerheiligste Drie-eenheid - zo groot is het lot van een vrouw: echtgenote en moeder te zijn.

Nektary van Optina (Tikhonov)

Het is niet zinnig voor de ouders hun zoon te verplichten een bepaalde bruid te nemen. De bruid moet vooral door de bruidegom gekozen worden, want hij moet met haar leven.

Jozef van Optina (Litovkin)

Zij die met de zegen van de ouders aan dit Heilige Mysterie deelnemen, hun lot wordt door de barmhartige Heer geregeld volgens Zijn wil: het huwelijk is niet alleen gunstig voor hen die verenigd zijn, maar ook voor de familie en voor allen.

Lev van Optina (Nagolkin)

Wat de gedachte betreft, dat gij uw echtgenoot voor uw moeder zou verlaten, door zulk een vertrek onteert gij uzelf en doet gij slechte mensen kwaad met uw gedachten en woorden, dat gij weggegaan zijt wegens uw slechte verhouding tot dit en dat, hetgeen alleen al al uw verwanten zal misgunnen. Wees daarom bevreesd zo te denken, maar vooral om het te doen. Wat uw gebed betreft, dat de Moeder Gods u van de huwelijksbanden zou bevrijden. Dit gebed is zeer goddeloos en u moet vrezen als een toevallige dood. Ik smeek u, als mijn geestelijk kind, geliefd door de Heer, om al die verontrustende gedachten van u te laten varen en u met kinderlijke nederigheid over te geven aan de wil van God, die vóór uw smeking weet wat goed voor u is, en daarom kan niets en niemand uw hart verzachten dan uw volkomen overgave aan de wil van God. Roep Hem smekend toe: "Onze Vader, moge Uw heilige wil geschieden in mij, een zondaar. Zie, ik ben de dienaar des Heren, dat mij geschiede naar Uw woord!" (Lucas 1:38) En vrees ook niet voor de toekomst, want als de Heer u zegent om moeder te worden, op dat ogenblik, naar het woord van de Heer, wordt de droefheid vergeten omwille van de vreugde, want "een mens is in de wereld geboren" (Johannes 16:21).

Anthony van Optina (Putilov)

U schrijft over uw onenigheid met uw echtgenoot over bepaalde onderwerpen. U kunt hem van tijd tot tijd in een rustige geest vertellen wat u nuttig vindt en ijverig voor hem en uw kinderen bidden, opdat de Heer voor hen moge regelen wat zinvol is, zoals Hij zelf weet.

Amvrosy van Optina (Grenkov)

Hoe verder men naar het Oosten trok, des te wijdverbreider werd de gewoonte van vroege huwelijken. Servische ouders zorgden ervoor dat hun zonen trouwden zodra zij de door de Orthodoxe Kerk voorgeschreven leeftijd hadden bereikt. Sentimentele redenen waren de wens om zo snel mogelijk kleinkinderen te verwachten; morele redenen waren de wens om kinderen niet verdorven te laten worden; en ten slotte praktische redenen waren de wens om zo snel mogelijk hulp te krijgen bij landbouwwerkzaamheden en ambachten, de twee traditionele Servische beroepen.

Leo van Optina (Nagolkin)

Bid tot God en Zijn Onbevlekte Moeder, dat de Heer uw lot moge schikken volgens Zijn heilige wil. Als het Zijn heilige wil is dat u op dit moment uw hand geeft aan hem die u een huwelijksaanzoek doet, dan zal elke belemmering worden weggenomen. Maar u onderwerpt uw wil volledig aan de wil van God; intussen is het nodig naar hem te informeren: of hij een echte christen van de Orthodoxe Kerk is, of hij van goede zeden is en of zijn familie goed is. Hebben uw ouders toestemming gegeven voor uw huwelijk en is er ook uw eigen volledige toestemming? Onder zulke omstandigheden en met zulke daden moge de Heer u zegenen om een nieuw gezinsleven te beginnen, maar wat er in de toekomst zal gebeuren, weet niemand.

Jozef van Optina (Litovkin)

Het huwelijk zelf is een groot mysterie, God zelf heeft het geheiligd.

Nikon van Optina (Belyaev)

Ik adviseer Sophia niet te trouwen tot ze volledig hersteld is. Het huwelijksleven kraakt zelfs sterke lichamen, maar voor de zieken bereidt het een snelle dood voor.

Jozef van Optina (Litovkin)

U, in dubbelhartigheid en in verlegenheid gebracht door gedachten, vraagt of u uw man moet schrijven of niet. Kijk eerst eens goed in het diepst van uw hart en onderzoek uzelf in welke houding u tegenover hem staat: of u vrede hebt of niet, of u geen reden hebt gegeven om uw huwelijksbanden te verbreken, enzovoort. Indien gij een van deze dingen in u vindt, gebruik dan alle middelen om tot verzoening te komen, dit is voor God aanvaardbaar, ook al zoudt gij gelijk hebben, maar met uw nederigheid kunt gij met Hem verzoend worden en Hem verkrijgen, zo niet voor uzelf, dan voor God; aarzel niet, ga hiertoe over en de Heer zal u niet verlaten.

Lev van Optina (Nagolkin)

Een onverwachte ontmoeting met een vreemde maagd heeft indruk op je gemaakt, kan ze geen partij voor je zijn? Het kan zijn, als God het wil. Gij zoekt geen rijkdom en schoonheid, maar vroomheid en verstand, opdat gij deel mag hebben aan de wereldse dingen en een juist denkbeeld over de dingen mag hebben en goed kan redeneren. Volgens de toezegging van de eerbiedwaardige dame, bij wie u haar zag, was zij geleerd, slim en bescheiden en was het niet onbelangrijk dat zij zich kon onttrekken aan de luidruchtige en onbetamelijke omgangsvormen van de wereld of de mensen, die een grote invloed hebben op haar zeden. U aarzelt en weet niet of de gedachte ernstig is. Ik durf het in zo'n belangrijke zaak niet op mij te nemen om u uitsluitsel te geven, maar ik raad u aan God te bidden en het aan Zijn wil over te laten. Indien het Hem behaagt, zal uw verlangen versterkt worden om het te vervullen en dan, na ook de hulp van God ingeroepen te hebben, na de dienst van een gebed tot de Heer en tot de Moeder Gods, gaat u over tot het werk en indien het, na het gebed, uit uw herinnering zal verdwijnen, laat het dan zoals het is.

Macarius van Optina (Ivanov)

Je vraagt mijn zondige raad en zegen om een wettig huwelijk aan te gaan met de bruid van je keuze. Als jij gezond bent en zij gezond is, als jullie elkaar aardig vinden en als de bruid gezond van geest is en een goede moeder zonder scrupules heeft, dan kun je met haar in het huwelijk treden.

Leo van Optina (Nagolkin)

Je moeder bereidt je voor op het veld van het nieuwe leven, verlangt met je te trouwen, maar omdat ik weet dat je ouders zich moeilijk kunnen vergissen door je een huwelijkspartner te laten kiezen, raad ik je aan je naar hun wil te schikken volgens dit gebod: "Eer uw vader en uw moeder, opdat het u welga en uw dagen op aarde verlengd worden" (Exodus 20:12). Dit gebod bewijst duidelijk de hemelse heerlijkheid te ontvangen en de aardse gelukzaligheid aan hen die hun ouders eren in de goede dingen die zij u trachten te brengen. En door uw gehoorzaamheid aan uw ouders koester ik de hoop dat u uw ouders zult troosten met een deugdzame levenswijze.

Leo van Optina (Nagolkin)

Haast u niet, maar onderzoek de huwelijkszaak van alle kanten en neem haar grondig in overweging. Het kan geen kwaad om de persoon met wie je wereldse welvaart gaat verwerven onder de loep te nemen; overweeg behalve zijn eigen kenmerken ook zijn eigen positie en de omstandigheden rondom hem. Dit alles tezamen is van groot belang.

Volgens sommigen worden in de naam van een persoon soms zowel gunstige als ongunstige eigenschappen uitgedrukt.

Amvrosy van Optina (Grenkov)

Je hebt een bruid voor N. gevonden die je leuk vindt. En jij wacht op mijn zondige zegen om de zaak te beginnen.

Als u mijn brief ontvangt, herhaal dan uw rondvraag betreffende de bruid en leer haar goed kennen en als zij werkelijk goed blijkt te zijn, zal God haar zegenen om het huwelijk aan te gaan. Maar je moet van N. te weten komen of hij ook van de bruid houdt. Ik sluit af met dit: wij kunnen alleen goed zijn als wij ons deel doen om zo goed te zijn als door Gods geboden van ons wordt verlangd.

De heilige martelaar Justinus zegt, zoals het in de oude legenden wordt vermeld, dat onze Heer Jezus Christus in zijn aardse leven bezig was de ploeg en het juk te verdelen, waarmee hij aantoonde dat de mensen als gelijken moeten werken om de last te dragen, zoals het juk van de ossen gelijkelijk gedragen wordt: als een van de twee achterblijft, is het moeilijker voor de ander. Indien de echtgenoten hun lasten gelijkelijk zouden verdelen op een christelijke wijze, zou het goed zijn voor de mensen om op aarde te leven. Maar omdat echtgenoten vaak niet flexibel en koppig zijn, beide of een van de twee, blijkt ons aardse welzijn niet blijvend.

Amvrosy van Optina (Grenkov)

Gefeliciteerd met jullie pasgetrouwde stel en met N. - op je nieuwe vrouw N.

Ik wens hun van harte een echtelijke verbintenis en vrede toe en aan u de troost van hun goede nederigheid en waardige achting en respect, die u als een ouder van voorzichtige en gehoorzame kinderen betaamt. Jullie drieën moeten altijd onthouden en nooit vergeten dat jullie leven alleen dan vredig en goed zal verlopen, wanneer wij God, onze Schepper en Verlosser en Gever van tijdelijke en eeuwige weldaden, niet vergeten en verwaarlozen. Hem niet vergeten betekent trachten te leven volgens zijn goddelijke en levengevende geboden en bij overtreding daarvan, overeenkomstig onze zwakheid, oprecht berouw tonen en onmiddellijk trachten onze fouten en afwijkingen van de geboden van God recht te zetten.

Amvrosy van Optina (Grenkov)

Ik groet in de Heer de bedroefde N. en wens hem van harte toe het grote verlies van zijn goede vrouw geduldig en vriendelijk, en met weldaad van zijn ziel, te aanvaarden in geloof, vertrouwen en toewijding aan de barmhartige voorzienigheid van God. De Heer is in staat voor hem nuttige en reddende zaken te regelen en te blijven doen, evenals voor zijn weeskinderen, naar zijn heilige wil voor de Vader van de zwakken, naar wat in het woord van God gezegd wordt.

Amvrosy van Optina (Grenkov)

Misschien begrijp je dat je er in jouw tijd op stond dat je jongere zus trouwde met een man die ze niet mocht. Maar wat vindt ze niet leuk aan hem? Wat is er mis met hem? Hij is tenslotte priester en bidt vaak tot God voor zichzelf en voor zijn vrouw. Als hij een keurig, christelijk leven leidt, wat voor soort man zou ze dan willen? En laat haar er niet aan denken haar man te verlaten, want daardoor zal zij een grote zonde op haar ziel nemen. Als uw zuster verstandig is, moet zij altijd denken aan het wijze spreekwoord: "Leef niet zoals het u behaagt, maar zoals God het gebiedt." Niets is toeval, zoals de moderne slimmeriken denken, maar alles wordt geregeld door de Goddelijke Voorzienigheid, die altijd waakt over de redding van onze zielen. Als uw zuster een vredig en rustig leven wil leiden (want volmaakte vrede is in dit tijdelijke leven niet mogelijk) moet zij in de eerste plaats zichzelf verwijten en beschuldigen en niet haar echtgenoot, zij moet berouw tonen aan God en haar geestelijke vader voor haar onaangename houding tegenover haar echtgenoot en voor hem bidden met dit gebed: "Red, o Heer, en ontferm U over uw dienaar, mijn zeer geliefde echtgenoot, de priester (naam), en ontferm U omwille van zijn heilige gebeden over mij, de meest berouwvolle zondaar."

OVER OUDERSCHAP, ONVOORWAARDELIJKE LIEFDE EN OUDERLIJKE STRENGHEID

Interview met gezinspsychologe Olga Lysova-Brodina

Van alle heilige zaken is opvoeding de meest heilige.

Heilige Theofaan de Kluizenaar

Meer dan eens heb ik mensen moeten belijden voor ze sterven. In hun biechten beklaagden zij zich nooit over het feit dat zij geen extra miljoen hebben verdiend, geen luxueus huis hebben gebouwd of niet geslaagd zijn in het zakenleven. In hun laatste uren hebben mensen echter vooral spijt dat ze niet in staat waren iets goeds te doen, te helpen, of familieleden, geliefden, zelfs toevallige kennissen te ondersteunen. En het tweede wat bijna iedereen kwelt voordat ze sterven, is dat ze niet genoeg aandacht aan hun kinderen hebben geschonken.

Archimandriet Tikhon (Shevkunov)

In elk vak zijn talent en aanleg belangrijk, evenals hard werken en ijver. Het lijkt mij dat er ook Mozarts en Salieri's zijn op het gebied van opvoeding. Er zijn ouders die hun kinderen intuïtief opvoeden, zonder gebruik te maken van theorieën, methoden of technieken. Ze houden van hun kinderen, hun kinderen doen hetzelfde, ze delen een echte vriendschap. Ik herinner me een oudere kennis van mij die liefdevol sprak over haar zoon, die al lang getrouwd is. En op een dag zag ik ze elkaar ontmoeten: de bejaarde moeder en de volwassen zoon renden op elkaar af, als oude vrienden die elkaar al lang niet meer gezien hadden. Raya (de moeder) had niets gehoord over opvoedingsmethoden en vroeg zich zelfs nauwelijks af hoe zij haar zoon moest opvoeden. Ze hield gewoon van haar zoon. Dit zijn begaafde ouders, Mozarts in de opvoeding. Anderen, natuurlijk de meerderheid, worden voortdurend geconfronteerd met het gedrag van hun kinderen en hun intuïtie zwijgt meestal. Nee, ze houden ook van hun kinderen, maar ze houden op de een of andere manier 'ongeletterd' van hen. Wij ouders zijn bereid ons leven te offeren voor onze kinderen: niet te slapen, niet te eten, maar tot onze schrik zien we vaak dat onze liefde onvolmaakt is, dat we onze kinderen vaak kwetsen, boos worden en ruzie met hen maken, dat we geen gemeenschappelijke taal vinden en van elkaar vervreemd raken.

Wat moet een vader of moeder doen die niet van nature pedagogisch begaafd is en die het verkeerde opvoedingsmodel van zijn ouders heeft meegekregen, iemand die meer vragen heeft dan intuïtieve inzichten? Boeken lezen, natuurlijk. Om 'proef op de som te nemen', zogezegd. Boeken zijn zeer inspirerend. Het lijkt erop dat ik nu alles goed zal gaan doen, maar in werkelijkheid is het niet zo eenvoudig: de kennis die ik uit boeken heb opgedaan stuit vaak op ernstige en soms onoverkomelijke hindernissen in onze natuur, gewoonten, een diepgeworteld pedagogisch model dat we van onze ouders hebben overgenomen, vermoeidheid, concentratie, onszelf en de problemen van het leven.

Bovendien heb ik de indruk dat het ons vaak niet ontbreekt aan een specifieke pedagogische gave, maar aan eenvoudige universele kwaliteiten: geestigheid, vriendelijkheid, liefde, in feite. Kinderen, zelfs die met de moeilijkste karakters, zijn zeer gesteld op vrolijke, vriendelijke, 'gemakkelijke' volwassenen.

Wat dan moeten zij die ouders zijn maar geen genieën, die reeds vader en moeder zijn maar nog bekwame ambachtslieden, doen? Zij die begrijpen dat de moeilijkheid van het ouderschap niet zozeer in de kinderen zit, maar in henzelf? Verstand is immers een geschenk. Vriendelijkheid en liefde worden verworven door jarenlang hard werken, maar in deze tijd kunnen vele verkeerde en misschien verderfelijke stappen worden gezet.

Deze en andere vragen over het werk van de ouderliefde stellen wij aan de orthodoxe gezinspsychologe Olga Lysova-Brodina.

Ja, ware evangelische goedheid en een opofferende liefde zijn zeldzame gaven, maar als wij het standpunt innemen dat je enkel een succesvolle ouder kunt zijn met een fijn ontwikkelde intuïtie, een gevoel voor humor, een vrolijke stemming, goede manieren en het vermogen om opofferend lief te hebben, dan zullen de meesten van ons snel op een dood spoor belanden en een ouder-minderwaardigheidscomplex ontwikkelen. De bovengenoemde 'eenvoudige universele menselijke kwaliteiten' komen zelden in één persoon samen. En als we intelligentie en sensitiviteit aan deze lijst toevoegen, dan kunnen we helemaal alle moed verliezen. Vele ouders zeggen tijdens consultaties met pijn in hun hart dat zij hun kinderen niet zozeer met een wijze liefde liefhebben als zij zouden willen, dat zij dikwijls een gebrek aan geduld en hartelijkheid ervaren in de communicatie met het kind, waardoor zij op een dood spoor komen en moedeloos beginnen te worden. De psycholoog moet dan veel moeite doen om de ouder te doen inzien dat dit geen reden is tot wanhoop en zelfverwijt, maar een gelegenheid om creatief te werken aan de moeilijkheden die zich voordoen in de relatie met het kind, om nieuwe kennis op te doen en aan zichzelf te werken. Het is belangrijk te begrijpen dat als God iemand een kind heeft geschonken, dit betekent dat Hij in hem gelooft, het betekent dat hij ouderlijke aanleg heeft, misschien in zijn meest embryonale latente staat, maar wel degelijk aanwezig! En dat het een grote verantwoordelijkheid is tegenover God en je kinderen! Dat dit talent ontwikkeld moet en kan worden!

Liefde en vriendelijkheid kunnen samen met kinderen worden geleerd door elkaar geestelijk en biddend te steunen.

Om niet in een impasse te geraken, mogen wij niet vergeten dat liefde, vriendelijkheid, fijngevoeligheid samen met kinderen kunnen worden geleerd, waarbij men elkaar geestelijk en biddend steunt. En dat het nooit te laat is om aan pedagogische zelfeducatie te doen. Psychologen krijgen vaak te maken met ernstig verwaarloosde situaties, wanneer het gebrek aan liefde tussen kinderen en ouders uitloopt op wederzijdse vijandigheid, op openlijke confrontatie en soms op verstoting en afschuw. Zelfs in dergelijke situaties mag men niet opgeven. Het advies van de Heilige Ambrosius van Optina kan helpen wanneer er minder liefde is tussen ouder en kind (vaak wanneer het kind een tiener wordt): "Als je liefde wilt hebben, verricht dan *werken van liefde*. De Heer zal uw verlangen en inspanning zien en zal liefde in uw hart leggen." En niet alleen in het hart van de ouder, maar edelmoedig zal het kind zijn ouders liefde, respect en dankbaarheid schenken!

In dat stadium van geestelijke vorming, wanneer de liefde voortkomt uit een niet-getransformeerd hart van hartstocht is het dus vaak heel moeilijk te begrijpen wat in elke specifieke situatie een 'werk van liefde' is en wat schadelijk kan zijn, vooral wanneer het om kinderen gaat. Een van de belangrijkste werken van ouderliefde is het hart te reinigen van hartstochten.

Pedagogische intuïtie is rechtstreeks verbonden met het menselijk hart.

Een waarlijk wijze liefde wordt geboren in een gezuiverd, nederig hart. Het gaat niet samen met egoïsme, woede, ongeduld en trots. Daarom is een van de belangrijkste werken van de ouderliefde de reiniging van het hart van hartstochten. En de meest betrouwbare basis is misschien wel het gebod van de heilige Serafim van Sarov: "Red jezelf, en duizenden om je heen zullen gered worden." Maar de zuivering van de geest en het hart is een lang proces en het is belangrijk om niet met de eerste stappen van het ouderschap meteen grove fouten te maken. Psychologische en pedagogische kennis kunnen daarbij helpen. Het is niet gemakkelijk om te begrijpen wat in elke situatie een kwestie van liefde zal zijn en wat voordelig en wat nadelig kan zijn, wanneer een ouder geen pedagogische methoden kent, behalve de 'wortel en stok'-methode. Het is deze methode die de ouders het vaakst op een doodlopend spoor zet en het is vooral gebruikelijk dat ouders van adolescenten in zo'n doodlopend spoor terechtkomen. Zonder een creatieve benadering van het opvoedingsproces is het moeilijk om een warme, vriendschappelijke vertrouwensrelatie met de kinderen te onderhouden.

Het is belangrijk om zelfs de meest minimale pedagogische en psychologische kennis te verwerven.

Om creatief, flexibel en verstandig te kunnen denken, is een rijk pedagogisch palet nodig. Het is dus een zeer belangrijke zaak van de ouderliefde om zelfs de meest minimale pedagogische en psychologische kennis te verwerven. Tegenwoordig zijn er vele mogelijkheden om basiskennis op te doen: dit kunnen boeken zijn, het internet, een bezoek aan een psycholoog of een pedagogisch seminar. Dit alles zal helpen om vele grove fouten te vermijden en om van een primitieve en oppervlakkige (zogenaamde ambachtelijke) pedagogie over te gaan op een creatieve en constructieve pedagogie.

Wat zijn volgens u de beste onderwerpen voor ouders om met hun zelfeducatie te beginnen, op welke moeten zij zich het eerst concentreren?

Er zijn verschillende basisonderwerpen en ik zou de volgende als de belangrijkste willen noemen: onvoorwaardelijke liefde, acceptatie en respect. Zonder deze is het moeilijk om vooruit te komen. Het is ook belangrijk de pedagogische basismodellen en hun invloed op de karaktervorming te kennen. Elk model heeft zijn eigen voor- en nadelen, en kennis ervan is zeer nuttig. Het is ook belangrijk de grondbeginselen te kennen van het temperament, de eerste uitingen van een beginnende neurose of psychopathie. Een minimum aan kennis helpt om het kind niet te kwetsen (door bijvoorbeeld van hem te eisen wat hij niet kan) en op tijd op te merken dat hij hulp nodig heeft, dat hij niet kan omgaan met zijn emoties, met stress, dat hij zich hard en slecht voelt door het pedagogische model dat u onbewust of bewust hebt gekozen. Als u oplettend bent, dan is het dankzij deze kennis mogelijk om de eerste symptomen van de ontwikkeling van neurose of psychopathie op te merken en door hulp te vragen aan een deskundige - kinder- of gezinspsycholoog, neuroloog - de ziekte niet te laten ontwikkelen. En dit is een zeer belangrijke liefdeszaak. Maar niet de centrale!

We moeten niet vergeten warme en liefdevolle woorden tegen kinderen te zeggen zonder te wachten op een uitbarsting van warmte en tederheid.

Kennis is zeer belangrijk, maar de kracht ervan moet niet worden overschat. Zij kan helpen om geen grove fouten te maken, maar zij kan een kind niet het allerbelangrijkste geven - warmte en genegenheid. Ik ben niet bang om banaal te klinken en te zeggen wat iedereen wel weet, maar vaak vergeet toe te passen in het dagelijks leven: ik noem het vitamine L en G (liefde en genegenheid). Psychologen worden nooit moe om te zeggen dat de behoefte aan onvoorwaardelijke liefde en genegenheid primair en fundamenteel is. Vaak, wanneer een kind opgroeit, een stekelige tiener wordt en niet langer de natuurlijke instinctieve knuffel oproept, verdwijnt het onderwerp liefde naar de achtergrond. En om met crisissen om te kunnen gaan, moet hij constant het gevoel hebben dat hij geliefd is. Het is voor kinderen heel belangrijk te weten dat men in hen gelooft en dat men het goede in hen ziet. Daarom moeten wij eraan denken warme en liefdevolle woorden tegen onze kinderen te zeggen, zonder te wachten op een uitbarsting van warmte en tederheid. Immers, zelfs als wij uiterlijk alles juist doen - wij ontwikkelen het kind geestelijk, lichamelijk, intellectueel, maar streven er niet naar om hem een eenvoudige warmte van de ziel, onvoorwaardelijke aanvaarding en respect te geven, duwen wij hem ertoe emotionele gevoelens en vreugde te zoeken buiten de muren van zijn huis. En de gevolgen hiervan kunnen zeer onvoorspelbaar zijn.

Ik denk dat veel liefhebbende ouders gewoon niet weten hoe zij hun liefde moeten uiten en dat zij bang zijn om een liefdevol woord te zeggen uit angst hun kind te verwennen, en denken dat een strenge toon hem of haar zal behoeden voor grilligheid. Veel mensen zijn gewoon van nature onaardig en denken dat de dagelijkse zorg voor kinderen een uiting van ouderliefde is. Maar een zekere disharmonie in de relatie moet ook door zulke ouders gevoeld worden.

Natuurlijk, de kans om een warme, vertrouwende relatie op te bouwen gaat verloren. Zonder dit wordt het ouderschap een soort training.

Als wij het gevoel hebben dat wij te rationeel en te koud zijn, dan moeten wij een regel maken om minstens een keer per week alle zaken opzij te zetten, naast het kind te gaan zitten, hem een knuffel te geven en te zeggen dat we van hem houden en vragen of hij ergens hulp bij nodig heeft. Als hij of zij geen omhelzing wil, vraag dan gewoon om samen thee te drinken en een rustig, ongehaast gesprek te voeren - zonder terecht te wijzen of te evalueren - over ons hart, het kijken naar een goede film en het delen van onze indrukken. Wij overschatten vaak de kracht van een berispend woord en strenge, zelfs correcte vermaningen, en onderschatten de kracht van een eenvoudige warme ouderlijke glimlach en een vriendelijke en liefdevolle bemoediging. En het zijn deze, samen met onze gebeden voor onze kinderen, die wonderen kunnen verrichten.

Een paar jaar geleden maakte een moeder me erg gelukkig. We zaten in de metro en zij vertelde me over de ernstige crisis van haar dochter, haar abruptheid, haar absenteïsme, haar moeilijke relaties met jongeren, haar wens om te stoppen met de studie geneeskunde. Ik vertelde haar dat we haar dochter door deze moeilijke periode heen zouden helpen, dat ze met haar naar een psycholoog moest gaan en dat de mensen om haar heen geduld moesten hebben... Plotseling haalde de moeder haar telefoon tevoorschijn en begon te sms'en. Een minuut later kreeg ze antwoord. Ze glimlachte. Ik heb een hechte band met haar en ze liet me de woordenwisseling zien. Er was telkens maar één zin: "Ik houd van je!", en het antwoord, "Ik houd ook van jou". Nu zijn ze beste vriendinnen; haar dochter is verpleegster, maakt zich klaar om medicijnen te gaan studeren en is getrouwd met kinderen.

Aan het einde van het eerste gesprek zou ik een vooraanstaand onderzoeker van het onderwerp liefde willen citeren, de filosoof en psycholoog Erich Fromm:

"De houding dat er niets gemakkelijker is dan liefhebben, vertegenwoordigt de meest verbreide opvatting over de liefde, ondanks het overweldigende bewijs van het tegendeel... Als het om een andere activiteit zou gaan, zou men met alle middelen proberen de redenen voor het falen te achterhalen... De eerste stap in deze richting is te begrijpen dat de liefde een kunst is... Als we willen leren lief te hebben, moeten we hetzelfde doen als wanneer we een andere kunst zouden willen beheersen... Naast de studie van theorie en praktijk is er nog een derde factor: de beheersing van de kunst moet een zaak van het hoogste belang zijn; er mag niets belangrijkers in de wereld zijn dan deze kunst."

Onvoorwaardelijke liefde

Als liefde voor kinderen een kunst is die dagelijks moet worden geleerd, moet de wetenschap van de liefde een basis hebben, een fundament. De moderne Europese psychologie en pedagogie zeggen dat zo'n basis onvoorwaardelijke liefde moet zijn, onvoorwaardelijke aanvaarding van het kind zoals het is. Wat echtgenoten betreft, is bij onvoorwaardelijke aanvaarding alles min of meer duidelijk, omdat wij als metgezel een persoon kiezen wiens zwakheden wij kunnen verdragen, dan wel mentaal verwijderen in de schaduw van ons bewustzijn. En,

het allerbelangrijkste, de verantwoordelijkheid voor het zedelijk karakter van onze echtgenoot ligt niet bij ons: het is niet onze taak om een echtgenoot op te voeden. En het is iets heel anders om onvoorwaardelijk van onze kinderen te houden. De grootste moeilijkheid hier is de misbruikende functie van de ouders. Wij moeten het hoofd bieden aan wat slecht aan en gevaarlijk voor het kind is. Confrontatie leidt onvermijdelijk tot conflicten. Wanneer een kind met zijn benen stoot, hebzuchtig is, gemeen doet, in de winkel op de grond rolt, of wanneer een tiener onbeleefd is, weigert mee te helpen in huis, zijn jongere zusjes en broertjes pijn doet, of wanneer hij zich laat meeslepen door het internet of slechte vrienden aantrekt, dan moeten wij niet breeduit glimlachen en het allemaal maar voor lief nemen! Wat betekent het in de praktijk om een kind te aanvaarden voor wie het is en tegelijkertijd de confrontatie aan te gaan met diens slechte eigenschappen? Om het te beschermen tegen het kwaad in de wereld en er toch vrede mee te hebben? Wat wordt er bedoeld met 'onvoorwaardelijke liefde'?

Onlangs zond een opvoedingskanaal een video uit met opvoedkundige regels. Een van de belangrijkste zag er als volgt uit: je moet je kind accepteren zoals hij of zij is, met al zijn of haar sterke en zwakke punten. Dat is het. Niets meer. Ieder weldenkend mens heeft onmiddellijk een heleboel vragen. De belangrijkste is: waarom zou ik zijn of haar tekortkomingen accepteren? Om een antwoord op deze vragen te vinden, is het zinvol naar de oorsprong te kijken van het begrip 'onvoorwaardelijke liefde' en de geschiedenis van zijn ontwikkeling in de psychologie en pedagogie. Liefde is een te groot en te diep begrip om volledig te kunnen worden begrepen, gemeten en beschreven in woorden, en dit veroorzaakt op zijn beurt een heleboel misvattingen.

Laten we, alvorens ons met de nuances bezig te houden, proberen te begrijpen wat werkelijk bedoeld wordt met zo'n mooie en therapeutische uitdrukking als 'onvoorwaardelijke liefde'.

In het verklarend woordenboek van S.I. Ozhegov vinden we de volgende interpretatie van de betekenis van het woord liefde: "Liefde is een gevoel van onbaatzuchtige, hartelijke genegenheid." Deze definitie verwijst ons onmiddellijk naar het thema van opofferende onvoorwaardelijke liefde. Als eerste voorbeeld van zulke liefde noemt Ozhegov moederliefde. En dit is verrassend accuraat. De geschiedenis van het begrip 'onvoorwaardelijke liefde' is rechtstreeks verbonden met het wonder van het moederschap van de Heilige Maagd Maria. Het was immers aan haar zuiverheid en zachtmoedigheid te danken dat opofferende en onvoorwaardelijke liefde op aarde kon worden geïncarneerd. En het is de Heilige Maagd Maria die er het eerste voorbeeld en de eerste bron van is (denk aan de icoon van de *Levensdragende Bron*).

Het concept van onvoorwaardelijke liefde vindt zijn oorsprong in het christelijke wereldbeeld. Het wordt het meest volledig geopenbaard in de gelijkenis van de verloren zoon.

Het concept van onvoorwaardelijke liefde is geworteld in de christelijke kijk op de wereld. Zij komt het meest tot uiting in de gelijkenis van de verloren zoon, omdat daarin het thema van Gods allesvergevende liefde jegens de mens, die ongeacht de gehoorzaamheid en de liefde van de mens jegens God bestaat, bijzonder levendig is. En deze liefde is een opofferende, kruishoudende liefde. De absolute belichaming ervan zien wij in de liefde van Christus, die zijn leven geeft voor ieder van ons, ongeacht hoe wij daarop reageren. Of we reageren, beginnen te veranderen en de ruimte van de Eeuwige Liefde willen binnengaan, of de weg van ontwikkeling en de bevrediging van onze passies begaan. Het Evangelie is de voornaamste gids naar de wereld van onvoorwaardelijke liefde.

Wij zullen in de volgende gesprekken meer dan eens op dit onderwerp terugkomen. Laten we nu kijken hoe dit concept is getransformeerd in de filosofie, de psychologie en de pedagogie.

Veel psychologische en spirituele scholen in de twintigste eeuw beginnen onvoorwaardelijke liefde te zien als de hoogste vorm van liefde. Volgens deze leringen is het verschil tussen onvoorwaardelijke en voorwaardelijke liefde de wens om te geven zonder er iets voor terug te krijgen, ongeacht de omstandigheden en de persoonlijke kwaliteiten van degene naar wie de liefde is gericht. Mettertijd beginnen de twee concepten van onvoorwaardelijke en voorwaardelijke liefde tegenover elkaar te staan. Er is discussie over de vraag of voorwaardelijke liefde überhaupt als liefde kan worden beschouwd en men komt tot de conclusie dat moederliefde inherent dichter bij onvoorwaardelijke liefde ligt, terwijl vaderliefde meer voorwaardelijk is, omdat vaders de kinderen voorbereiden op het leven in een externe, agressieve wereld die voortdurend voorwaarden zal opleggen. Psychologen concluderen ook dat wanneer de liefde van beide ouders voorwaardelijk is, het kind veel minder gelukkig en weerbaar is tegen stress en verdriet, dan wanneer het kind onvoorwaardelijke liefde ontvangt van ten minste één ouder. Als de liefde van een ouder altijd voorwaardelijk is, lijdt het kind aan een verscheidenheid van persoonlijkheids- en zelfs geestelijke stoornissen.

In de jaren '60 kwam de humanistische psychologie op in Amerika. Deze school van psychologie was het toneel voor de ontwikkeling van het West-Europese concept van onvoorwaardelijke liefde.

De term humanistische psychologie werd in het begin van de jaren 1960 in Amerika bedacht door een groep psychologen onder leiding van Abraham Maslow (1908-1970) om een theoretisch alternatief te creëren voor de twee belangrijkste psychologische theorieën het freudisme en het behaviorisme. In tegenstelling tot de stromingen die de mens zagen als totaal afhankelijk van zijn omgeving of zijn onbewuste instincten, ziet de humanistische psychologie de mens als verantwoordelijk voor zijn eigen lot, die vrije keuzes maakt uit de gegeven mogelijkheden, streeft naar zelfverbetering en zich in een levenslang proces van vorming en verandering bevindt. In het antropologisch concept van Maslow is het individu één enkel uniek georganiseerd geheel. Deze school bestudeert het geestelijk gezonde individu dat het toppunt van zijn ontwikkeling heeft bereikt, de grens van zelfverwerkelijking.

De humanistische benadering

De humanistische psychologie spreekt veel over onvoorwaardelijke liefde, maar haar uitgangspunt is gebaseerd op het humanistische postulaat dat mensen van nature goed zijn en niet belemmerd mogen worden. (Het is overigens dit onjuiste postulaat dat de basis vormt van de minderjarigenideologie). Maar het probleem is dat dergelijke gezonde individuen, die de grenzen van zelfactualisatie hebben bereikt, helaas ongeveer 4% van het totale aantal mensen vormen. Ondanks dit gegeven, geloofde Maslow dat de menselijke natuur goed is, of op zijn minst neutraal. En dit is een heel belangrijk punt! Hier begint het fundamentele verschil tussen de kijk op de mens, zijn natuur en het onderwerp van onvoorwaardelijke liefde in de orthodoxe, spiritueel georiënteerde dieptepsychologie en de humanistische kijk. Aanhangers van de humanistische school geloven dat niet de hartstochten en de zonde de voornaamste destructieve krachten in de mens zijn, maar dat alle problemen voortkomen uit frustratie (schending van verwachtingen) of het niet voldoen aan basisbehoeften. Het is deze ideologie van afhankelijkheid van externe omstandigheden die ten grondslag ligt aan de psychologie van consumptie en comfort. Als er comfort is, is er geluk en vindt de juiste harmonieuze ontwikkeling van het individu plaats. Als er geen comfort is, worden de (instinctieve) basisbehoeften niet vervuld en degradeert de persoon.

Een spiritueel georiënteerde, diepgaande benadering

Het orthodoxe wereldbeeld verschilt fundamenteel van het humanistische wereldbeeld, omdat het naast het lichte en deugdzame begin ook de diepe corruptie van de mens beschouwt en ons vertelt over de erfzonde, geboorteafwijkingen, hartstochten en persoonlijke zonde als de belangrijkste hinderpaal voor onvoorwaardelijke liefde bij zowel ouder als kind. De leer van de heilige vaders over de menselijke natuur leert ons dat de ziel dikwijls zo verschroeid is door hartstochten, dat zelfs als men met het verstand de noodzaak inziet van liefde, warmte, geduld en de ontwikkeling in de eerste plaats van het deugdzame deel van de ziel van het kind (en als men straft, is het zelden en zonder kwaadwilligheid), de ouder dit niet in praktijk kan brengen. Het ontbreekt hem aan wijsheid en kracht en hij heeft dringend goddelijke hulp nodig.

Daarom zullen wij in de geestelijk georiënteerde, diepgaande benadering van het opvoeden het begrip 'onvoorwaardelijke liefde' vanuit verschillende invalshoeken bekijken, omdat het veel meer componenten bevat dan de West-Europese humanistische school ziet. Daartoe behoren de evangelische wortels, de thema's van het beeld en de gelijkenis van God in de mens, vrijheid, wijze strengheid, eerbied voor de persoon van het kind en het thema van de genezing van hartstochten en zonde door de aantrekkingskracht van de genade.

Onvoorwaardelijke liefde is de hoogste lat die een ouder voor zichzelf kan leggen, het is het prachtige doel waarover we lezen in de geschriften van apostel Paulus:

"De liefde is geduldig en vol goedheid. De liefde kent geen afgunst, geen ijdel vertoon en geen zelfgenoegzaamheid. Ze is niet grof en niet zelfzuchtig, ze laat zich niet boos maken en rekent het kwaad niet aan, ze verheugt zich niet over het onrecht maar vindt vreugde in de waarheid. Alles verdraagt ze, alles gelooft ze, alles hoopt ze, in alles volhardt ze. De liefde zal nooit vergaan. Profetieën zullen verdwijnen, klanktaal zal verstommen, kennis verloren gaan..." (1 Korintiërs 13:4-8).

Het mooiste voorbeeld van onvoorwaardelijke ouderliefde is de zachtmoedige, stralende en opofferende liefde van Onze Lieve Vrouw. Door tot Haar te bidden voor onze kinderen komen wij in aanraking met het mysterie van onvoorwaardelijke liefde en krijgen wij de gelegenheid om daarin te beginnen en te groeien. Christus is het hart ervan en het enige ware fundament, en dit fundament kan alleen maar een nederige gezindheid zijn.

Struikelblokken

Het grootste probleem dat zich voordoet bij veel ouders die leren over onvoorwaardelijke liefde, is dat het kan lijken alsof onvoorwaardelijk liefhebben betekent dat je het kind accepteert zoals hij of zij is, inclusief al zijn of haar fouten. Deze onjuiste gevolgtrekking wordt een struikelblok voor onvoorwaardelijke liefde en leidt tot verwarring en misleiding, vooral wanneer het op de praktijk aankomt. Het feit is dat onvoorwaardelijk van een kind houden niet betekent liefhebben in de verwachting daar iets voor terug te krijgen, maar gewoon om wie ze zijn. Om lief te hebben met dankbaarheid aan God voor het prachtige geschenk van het ouderschap. Om voor niets lief te hebben.

Een stevige steen die wij in het fundament van onvoorwaardelijke liefde kunnen leggen, is het inzicht dat het onze taak is lief te hebben, niet omdat het kind goed, gehoorzaam en hardwerkend is, maar omdat het een lieve, behoeftige ziel is die onze warmte, bescherming en hulp nodig heeft! En om lief te hebben ondanks alle negatieve uitingen, met geduld en gebed om het kind te helpen beter te worden, maar tegelijkertijd de uitingen van hartstochten niet te negeren. Daarom is een van de belangrijkste bestanddelen van onvoorwaardelijke liefde een verstandig gedoseerde strengheid, die het heldere deel van de ziel van het kind met zorg, maar vastberaden beschermt tegen uitingen van hartstochten en uitwendig kwaad. Men stuit dikwijls op het misverstand dat wanneer ouders een kind straffen of zeggen dat het niet onbeleefd mag zijn, dat het leeftijdgenoten niet mag beledigen, dat het geen verzoeken mag negeren en niet moet toegeven aan luiheid, dat zij dan niet onvoorwaardelijk van het kind houden. Maar dat is niet waar. Incidentele conflicten met kinderen betekenen niet dat de onvoorwaardelijke liefde tussen ons en de kinderen automatisch teniet wordt gedaan.

Bovendien, wat de negatieve kanten betreft die iedereen heeft, deze zien en je kind helpen ermee om te gaan zijn integrale onderdelen van onvoorwaardelijke liefde! Het is niet strengheid die onvoorwaardelijke liefde vernietigt, maar ouderlijke woede, ongeduld en veroordelende energie.

Als wij ons wenden tot de goddelijke pedagogiek, waarvan God ons voorbeelden geeft in het Evangelie, kunnen wij precies zien hoe wij geroepen zijn de hartstochten en de zonde bij kinderen te bestrijden. Ten eerste om kennis te geven over de menselijke natuur, om precies te vertellen wat aangepakt moet worden (hartstochten en zondige gedachten) en waarom, om het verstand en het hart te verlichten met de kennis van de Heilige Vader over onze eeuwige ziel. Het is belangrijk niet alleen over passies te praten, maar ook geestelijk innerlijk werk te inspireren, mooie lichte doelen voor onszelf en het kind te stellen, het thema van Gods liefde voor ons en onze liefde voor Hem en onze naasten aan het licht te brengen. De Heer heeft al deze kennis gegeven in gelijkenissen en zaligsprekingen en wij moeten die doorgeven aan onze kinderen.

Maar er is hier een geheim: als wij nagaan hoe vaak de Heer in de drie jaar van Zijn prediking rechtvaardige toorn heeft getoond, bij het zien van alle ongerechtigheid van de mens, dan zien wij dat slechts driemaal: in de tempel met de handelaren, toen Hij ook indirect vermaande naar het voorbeeld van de onvruchtbare vijgenboom en toen Hij in Zijn hart zei: "O ontrouwe en verdorven generatie! Hoe lang zal ik bij u zijn, en u verdragen?" (Lucas 9:41). De rest van de tijd genas Hij, voedde, troostte, onderwees, vergaf, vrolijkte op en inspireerde met wonderen. Velen zullen zeggen: Hij is God! Dat is onbereikbaar! Ja, dat is het wel, maar we kunnen op zijn minst een honderdste van een procent voor onszelf als norm nemen. Wees gewoon minder geïrriteerd en boos, meer inspirerend, troostend en vreugdevol. Vaker flexibiliteit en wijsheid tonen, onze aandacht richten op het licht, op het beeld van God en de gelijkenis in de ziel van het kind, ons verheugen in goede manifestaties. Schakel bij conflicten jezelf en het kind vaker over op iets lichts en verstandigs in plaats van je hard te concentreren op de negatieve aspecten, op wat het kind om de een of andere reden nog niet aankan. Je kunt een moe kind dat niet met zijn emoties kan omgaan een spelletje laten doen, hem/haar rust gunnen, laten lezen, een wandeling laten maken, als het probleem ernstig is samen naar de kerk gaan en bidden. Heel vaak wordt het kind rustiger en gehoorzamer na de omschakeling.

Het is heel belangrijk om de zuurstof van liefde, gebed en vreugde in de relatie te laten! De onlangs verheerlijkte ouderling Paisii heeft dit voorbeeld:

"Ouders moeten, zoveel als zij kunnen, hun kinderen goede dingen uitleggen op een vriendelijke manier: met liefde en met pijn. Ik herinner me een moeder die, toen ze zag dat haar zoon zich slecht gedroeg, met tranen in haar ogen en met pijn zei: 'Doe dat niet, mijn gouden kind.' En bij het zien van zo'n voorbeeld leerden haar kinderen met vreugde te streven naar het vermijden van de verleidingen van het leven, niet toe te geven aan moeilijkheden, maar ze te overwinnen door gebed en vertrouwen op God."

Maar soms is dit niet genoeg en blijft het kind, na veel vermaning, hardnekkig het verzoek of verbod negeren. Dit is het moment waarop wijze strengheid en zelfs tastbare bestraffing nodig zijn. Maar om op het terrein van de onvoorwaardelijke liefde te blijven, is het nodig de grenzen van het toelaatbare duidelijk af te bakenen en zonder kwaadwilligheid en belediging te straffen. Er is een bekend gezegde van de heilige vaderen dat zeer bondig uitlegt waarom alles wat in boosheid wordt gezegd, met boosheid meestal niet wordt opgenomen, door de ziel niet wordt aanvaard: "Waarheid zonder liefde is laster."

En hier komen we bij het volgende struikelblok - ouderlijke woede, die het onderbewustzijn en de ziel van het kind als liefdeloos ervaart. Het is de passie van de woede, meestal gecombineerd met trots en ongeduld, die een ouder verhindert een ruimte van onvoorwaardelijke liefde in het gezin te scheppen. De Eerwaarde Paisius van Athos spreekt hier zeer figuurlijk over:

"De dwang van ouders helpt kinderen niet, maar verstikt ze. 'Raak dit niet aan, ga daar niet heen, doe het op deze manier.' Maar het hoofdstel moet zo getrokken worden dat het niet gescheurd wordt. Je moet je kinderen tactvol berispen om hen te helpen hun fout in te zien, maar tegelijkertijd moet je niet toestaan dat er een kloof tussen jullie ontstaat. Ouders moeten doen wat een goede tuinman doet als hij een boompje plant. De tuinman bindt de boom voorzichtig, met een zacht touw, aan de pin, zodat hij niet buigt of beschadigd raakt als de wind hem naar rechts of naar links doet kantelen. Dan maakt de tuinman een omheining voor de boom, geeft hem water, verzorgt hem, beschermt hem tegen geiten - totdat hij takken krijgt. Als geiten een kleine boom opeten, is dat alles - hij kan als dood worden beschouwd. Een boom die door geiten wordt aangevreten, kan geen vrucht dragen en geen schaduw geven. Maar wanneer zijn takken gegroeid zijn, zal de tuinman de omheining verwijderen en de boom zal vrucht dragen en geiten, schapen en mensen kunnen onder zijn schaduw rusten. Vaak echter willen ouders, ingegeven door een overdreven zorg voor hun kinderen, hen niet vastbinden met een zacht touw, maar met een staaldraad, terwijl kinderen juist voorzichtig moeten worden vastgebonden, zodat zij zich niet bezeren. Ouders moeten proberen hun kinderen op een nobele manier te helpen. Dit zal vroomheid in de ziel van de kinderen scheppen, zodat zij de behoefte voelen om uit zichzelf goed te doen."

De energie van woede en trots, de geest van farizeïsme in de communicatie veroorzaken verzet bij kinderen (tieners zijn er bijzonder gevoelig voor en verweren zich scherp), terwijl de energie van onvoorwaardelijke nederige liefde, gebed, goed humeur en creativiteit juist liefde, respect en verandering ten goede komen.

Dus wat kan ons helpen om een ruimte van onvoorwaardelijke liefde te creëren? In de eerste plaats is dat het verlangen om warmte rond de ziel van het kind te wikkelen, het verlangen naar vreedzame oplossingen voor problemen die zich voordoen, hartelijkheid, toegeeflijkheid voor zwakheden, edelmoedigheid, biddend geduld, een strenge houding tegenover onszelf en een genadige houding tegenover het kind. Ook het verlangen om te helpen, om in zijn pijn binnen te dringen en die te delen, om hem hartelijk te steunen. En in gevallen waarin het kind moet worden gedisciplineerd en een halt moet worden toegeroepen, kan wijze strengheid, gebaseerd op een diep respect voor de persoonlijkheid en gevoeligheid van het kind, helpen. Bij het scheppen in het gezin van een ruimte van onvoorwaardelijke liefde wordt een bijzondere plaats ingenomen door zowel het verstand als het hart van het kind te verlichten met de kennis van de heilige vaders over de ziel en het Koninkrijk Gods, over het reddende mysterie van nederigheid en de zelfopofferende liefde.

Olga Lysova-Brodina
Geïnterviewd door Tatiana Vigilianskaya
21 juli 2015

MACHT EN CARRIERE

Uit de nalatenschap van de Optina-oudsten

Kan en mag een orthodox persoon sociaal succesvol zijn? Is het mogelijk de weg naar God te combineren met het beklimmen van de carrièreladder? Moet men gezagsposities zoeken, of juist weigeren?

De Eerwaarde Johannes Climacus schreef zijn beroemde *Ladder* over spirituele groei. Er staat geen advies in zijn boek over hoe je carrière moet maken. De gedachte aan maatschappelijk succes lijkt de heilige vaders weinig te hebben beziggehouden. Hun zorg was de redding van hun kinderen, niet hun aardse welvaart. Maar konden ze die twee niet combineren? Het zou immers zo mooi zijn: een welvarend, sociaal succesvol persoon heeft een carrière en groeit tegelijkertijd geestelijk en wordt gemakkelijk gered.

Wat vertellen de Optina-oudsten ons hierover?

Eerwaarde Amvrosy adviseerde het volgende:

"Eenvoudig leven is het beste. Breek je hoofd niet. Bid tot God. God zal alles regelen, leef gewoon simpeler. Folter jezelf niet met de gedachten aan wat je moet doen en hoe je dit dient te bereiken. Laat het zijn, zoals het gebeurt; dat is makkelijker leven."

"Je moet leven zonder zorgen, niemand beledigen of lastigvallen en respect hebben voor iedereen."

Wat betekent het om een goed leven te leiden?

"Leven - niet ongelukkig zijn - tevreden zijn met alles. Er valt hier niets te begrijpen."

En de oude man herinnerde mij eraan:

"Dank God voor elke tegenslag en bedenk dat die u ten goede is gekomen. Herhaal bij uzelf: Ik ben het aandeel dat de Heer mij op dit moment heeft gegeven niet waard."

We vergeten vaak dat de Heer ons door het leven leidt. Dat er de Voorzienigheid Gods is, waarover De Heilige Varsonophy van Optina zei:

"Wie vrede heeft in zijn ziel, heeft het paradijs in de gevangenis."

"Alleen dan zul je vrede vinden als je gelooft in Gods Voorzienigheid."

De heilige vaders hebben de Voorzienigheid Gods gedefinieerd als het werk van God waarmee de mens altijd in precies de juiste omstandigheden wordt gebracht voor zijn persoonlijke redding. God heeft een plan voor ons allemaal. En de omstandigheden van ons leven, het succes of falen van onze carrière, hangen af van de Voorzienigheid Gods.

De staretsy van Optina maakten een goed onderscheid tussen situaties waarin Gods Voorzienigheid een man de leiding geeft en situaties waarin een man zelf de macht zoekt.

De Eerwaarde Amvrosy benadrukte het onderscheid tussen zij die de macht op een wettige manier hebben verkregen en zij die deze op onwettige wijze hebben veroverd:

"Zij die op onrechtmatige wijze koninklijke of een andere vorm van macht hebben verkregen, in de woorden van de Heilige Chrysostom, zijn bang om eenvoudig en nederig voor hun minderen te verschijnen, en zij proberen hun macht op alle mogelijke manieren te ondersteunen met een gezaghebbende, trotse en wrede behandeling, uit angst hun heerschappij te verliezen. Maar zij die rechtmatig en correct macht en gezag ontvangen, zijn niet bang om hun ondergeschikten eenvoudig, zachtmoedig en nederig te behandelen, want zelfs grote mannen worden door eenvoud en zachtmoedigheid niet vernederd, maar integendeel zeer verheven en verheerlijkt."

De ouderling waarschuwde:

"Ik weet uit ervaring dat het zware heerserskruis dubbel zo zwaar weegt voor hen die heerschappij verlangen, en dat het überhaupt niet te dragen is voor hen die er actief naar zoeken."

Eerwaarde Amvrosy merkte ook op dat de hem toevertrouwde functie niets anders was dan gehoorzaamheid aan God:

"Als het verlossingswerk van het menselijk geslacht is volbracht door de gehoorzaamheid aan de dood van de Vader van de vleesgeworden Zoon van God, dan is elk toevertrouwd ambt ook niets minder dan gehoorzaamheid aan God, omdat de verschillende soorten bestuur door de Heilige Geest worden gedeeld, zoals de apostel getuigt (zie: 1 Kor. 12: 28)."

De oudere Macarius schreef dat het niet nodig is een hoog ambt te zoeken, maar dat men het niet moet weigeren als het wordt aangeboden:

"Wat posities van gehoorzaamheid betreft, moet men terugdeinzen en niet springen, maar als het om de rang van God gaat, is het niet zonder zonde zich daartegen te verzetten. Gregorius de Theoloog beveelt het gezag niet te bespringen, maar ook niet te verwerpen, omdat anders de hele hiërarchische orde kan veranderen. Als bijvoorbeeld door jouw verzet iemand die niet geschikt is voor de taak jouw plaats inneemt en er schade volgt, is het onmogelijk om je daar niet voor te moeten verantwoorden. Het komt ons voor dat wij in gehoorzaamheid afwijken van de beproevingen die vóór ons liggen, en daarom is het in dit geval nodig om ons in gebed en in een goed geïnformeerd geloof te laten adviseren. Als wij zo gegrond zouden zijn in nederigheid, dan zouden wij niet alleen onszelf onwaardig achten voor een dergelijke autoriteit, maar zouden wij ook zij die het doorstaan vereren voor hun streven naar geduld; als wij soms echter met een veroordelend oog naar hen kijken, en zelf heimelijk farizeeërs worden, wat hebben wij er dan aan?"

De oudere Jozef troost zijn kind dat twijfelt of hij het hoge ambt wel aankan:

"Wie God heeft gekozen om te regeren, wordt door Hem geholpen."

En hij raadt hen aan om niet toe te geven aan het verdriet en de wanhoop over de ondraaglijkheid van dit ambt, maar om hen in hun verdriet op de Heer te storten en enkel van Hem hulp en troost te verwachten:

"Treur om je ambt en je vraagt je af of je niet gezondigd hebt door deze voor jou onmogelijke taak op je te nemen. Als je ziet onder welke omstandigheden je het ambt hebt aanvaard, kun je met zekerheid zeggen dat je niet hebt gezondigd. Maar als het onmogelijk lijkt voor u, dan zou het onmogelijk moeten zijn voor elke andere priester. Dus als u uw verdriet in alles op de Heer werpt en alleen bij Hem om hulp en vermaning vraagt, dan zal de Heer ongezien zowel u als uw daden beheren, zodat u zelf in uw hart zult uitroepen:

'Wonderlijk zijn uw werken, o Heer' (Psalm 138:14). U hebt alle dingen met wijsheid gedaan en nu doet U ze met mij, Uw zondige en onwaardige dienaar."

Dat is het enige wat de Heer van ons verlangt, dat we ons verootmoedigen, dat we onze machteloosheid, onze nietigheid, onze ellende, onze waardeloosheid erkennen en ons met heel ons hart tot Hem wenden en Hem om hulp vragen, zoals Hijzelf zegt bij monde van de heilige profeet David: "Roep Mij aan ten dage van uw benauwdheid en Ik zal u wegnemen en gij zult Mij verheerlijken" (Psalm 49:15). En ook: "Mijn kracht wordt volmaakt in zwakheid" (2 Kor. 12:9).

De heilige apostel Paulus zei over zichzelf: "Als ik zwak ben, dan ben ik sterk", dat wil zeggen, sterk door de almachtige genade Gods. Wanneer iemand als een hulpeloos kind in zijn hart tot de Heer roept: "Help, genade, redding!", dan kan de Heer, in zijn oneindige goedheid, niet nalaten te luisteren naar de hulpkreet van de zondaar. En Hijzelf zei om ons zondaars te troosten: "De moeder zal eerder haar kroost vergeten, maar Ik zal haar niet vergeten" (Jesaja 49:15).

De Eerwaarde Anatoly (Zertsalov) raadde ons aan het gezagskruis te aanvaarden als een gehoorzaamheid en het niet persoonlijk af te doen, omdat de Heer het goed gebruikt voor onze ziel en voor anderen:

"Wie zou niet willen rusten van zijn werk? Al twintig jaar draag ik de last van mijn dienst ten bate van mijn naaste en momenteel ben ik zwak van gezondheid, kortademig en slapeloos, maar wie kan zich onttrekken aan deze gehoorzaamheid die de Barmhartige Heer heeft opgelegd ten bate van onze ziel en anderen? Wij mogen dan niet zien en onszelf en anderen weinig baten, maar de Heer is de Enige die alles weet, Hij zal ons zijn beloning en een goede wil en gezindheid van hart niet onthouden."

Wanneer het geesteskind zich bij de monnik Jozef beklaagt over de problemen die gepaard gaan met zijn leidende positie, antwoordt de ouderling dat het onmogelijk is om zonder problemen te leven. En als je probeert het door God gegeven kruis vrijwillig weg te gooien, kan het verdriet alleen maar groter worden:

"Na uw droevige omstandigheden te hebben beschreven, vraagt u mij, een zondaar, of u uw superieure positie moet opgeven. Ongetwijfeld kunt u uw superieuren verlaten om beproeving te voorkomen, maar waar kunt u aan hen ontsnappen? En wie van de mensen leeft zonder beproeving? Niet voor niets wordt ons aardse leven de 'verdrukking' genoemd. Een verandering van leven verlost ons niet van problemen, integendeel, het kan ze verergeren, zoals het oude gezegde luidt: 'Als je vlucht voor de wolf, zul je moeten vluchten voor de beer.'"

En onze Heer Jezus Christus heeft in zijn heilig Evangelie zijn volgelingen nergens bevolen om weg te lopen voor beproevingen, maar altijd geduld geleerd, door te zeggen: "In uw geduld wint u uw zielen" en "Wie volhoudt tot het einde, zal behouden worden" en "Gezegend zijn zij die beledigingen, vervolgingen en allerlei beproevingen verdragen." Al Gods heiligen hebben het eeuwige leven bereikt door droevige middelen. "Daarom, ook u, meest eerlijke Moeder, als u Christus in het hemelse paleis wilt begeren, verloochent u zich niet om het juk van de regering te dragen dat de Heer zelf u oplegt, maar geeft u zich over aan Zijn Heilige wil, want zonder Zijn wil gebeurt er niets met ons."

De oudere Jozef merkte op dat vooral zij die gezag hebben wijsheid nodig hebben:

"De Heer zei: 'Weest gij wijs als slangen.' Vooral zij die gezag hebben, hebben wijsheid nodig."

De ouderling waarschuwde ook dat men in afwachting van hulp van de Heer hun geweten moet bewaken, dat wil zeggen dat men moet proberen zo te leven en te handelen dat zijn geweten niet wordt verstoord; om in elk geval volgens de geboden te handelen. En in het geval van struikelblokken, wees niet ontmoedigd, maar toon berouw en laat u corrigeren:

"Probeer alleen te leven en te handelen naar uw geweten. Laat u zelfs bij struikelblokken niet ontmoedigen, maar bekeer u tot de Heer met de vaste hoop op Gods barmhartigheid."

Op het verzoek om te leren hoe hij goed met zijn ondergeschikten moet omgaan, adviseerde de monnik Jozef om telkens hulp en vermaning van God te vragen:

"Moge de Heer u inzicht geven in hoe u met hen moet omgaan, op welke manier, en u een woord ten behoeve van hen geven. Wanneer u iets tegen hen wilt zeggen, vergeet dan niet eerst Gods hulp en vermaning te vragen."

Op de vraag van de biechtvader of het geoorloofd is de gebrekkige te berispen en diens fouten te bekritiseren, antwoordt de ouderling Jozef dat hij moet proberen zulke berispingen zonder irritatie te geven:

"Gebreken kunnen worden uitgedrukt als men ze met nederigheid aanvaardt of op een of andere manier tot bewustzijn brengt."

"Indien nodig moet de schuldige worden vermaand, zonder er rekening mee te houden dat hij boos kan worden of juist wil gaan slapen. Probeer dit alleen te doen zonder irritatie. En als u ziet dat degene die u berispt heeft in verlegenheid blijft, maak dan een paar buigingen voor haar."

De monnik Ambrosius was ook nooit gezegend om mensen te berispen of te vermanen als ze in verlegenheid kwamen; hij vertelde over een geval waarin hij een goede vertrouweling had bij archimandriet Mozes: hij deed iets verkeerd en wachtte op een correctie, maar de archimandriet merkte het niet eens op. De archimandriet gaf hem verschillende bevelen terwijl hij wachtte op een berisping. Dit gebeurde verschillende keren. Eens kwam vader Nyphont heel vrolijk naar de archimandriet, die nu de deur op de haak sloeg en hem begon uit te schelden.

Toen een geestelijk kind aan starets Amvrosy bekende dat het hem verdriet deed als hij hartstochten opmerkte bij zijn superieuren, die daardoor een slechte invloed hebben op hun ondergeschikten, antwoordde de starets dat er maar weinig hartstochtelijke mensen zijn. Het is echter noodzakelijk te proberen naar God te leven en te handelen en dan zal de Heer zijn hulp geven:

"Er zijn maar weinig gepassioneerde mensen op aarde en waar menselijke hartstochten aan het werk zijn, en vooral bij de hoofdpersonen, is het onmogelijk om daar de juiste orde te zien. Waar echter de hoofdpersonen gezond zijn en naar God handelen, kan er orde zijn in de ondergeschikten, hoe hartstochtelijk ook, ter vervulling van de woorden van de Psalmist: 'Met de teugels en het hoofdstel van hun kaken kunt U hen verpletteren die U niet naderen', dat wil zeggen, zij die zich van de Heer verwijderen. Maar waar zij naar God handelen, geeft God ook Zijn hulp."

De Eerwaarde Ambrosius adviseerde zijn kind dat tot overste werd benoemd:

"U schrijft dat u veel ouderlingen zult hebben. Wat de ouderen ook mogen zijn, de meerdere staat boven hen allen. De juiste eer moet worden bewezen aan hem die het behoeft, maar de juiste orde en de teugels van de regering moeten worden gerespecteerd, zoals u zelf eerder aan mij schreef, zodat niets kan worden gedaan zonder medeweten en zegen van de leidinggevende. Natuurlijk is het noodzakelijk om eerst naar alles te vragen, hoe het hier werd en wordt gedaan en om het goede te bevestigen en het slechte te veranderen, als je het beter weet. Je zult dan verbetering zien."

Dus, de ladder of de carrièreladder? Is het mogelijk om beide tegelijk te beklimmen? Kan en mag een kerkganger sociaal succesvol zijn?

Hij kan wel of niet sociaal succesvol zijn. Als zijn carrière de zaak van zijn verlossing niet in de weg staat, kan hij zowel macht als rijkdom hebben. De apostel Paulus zei dat hij leerde een geestelijk leven te leiden ongeacht de uiterlijke omstandigheden:

"Ik heb geleerd tevreden te zijn met wat ik heb. Ik heb geleerd mager te leven en ik heb geleerd overvloedig te leven, verzadigd en hongerig te zijn, overvloedig en gebrekkig. Ik kan alle dingen doen in Jezus Christus Die mij versterkt."

De Heer, voor wie alle dingen mogelijk zijn, is in staat elke uiterlijke omstandigheid te regelen voor Zijn uitverkorenen. Het lijdt geen twijfel dat Hij degene die in Hem gelooft op het juiste moment naar de juiste plaats zal leiden en hem in de juiste omstandigheden zal plaatsen.

Maar de verleidingen van macht en rijkdom gaan niet aan iedereen voorbij. Dit zijn zeer moeilijke beproevingen voor de mens. In de woorden van Johannes Chrysostom: "Zoals een te grote schoen de voet schuurt, zo schuurt een te grote woning de ziel."

De apostel Paulus schreef:

"Want wij hebben niets de wereld ingebracht en kunnen er ook niets uit meenemen. Maar zij die rijk willen zijn, vallen in verzoeking en beknelling en ten prooi aan vele roekeloze en schadelijke begeerten."

Het is dus aan ons om te werken en de Heer zelf zal beslissen of het klimmen op de carrièreladder goed voor ons is. Als carrièregroei of rijkdom de verlossing in de weg staan, zal Gods Voorzienigheid dergelijke verleidingen bij zijn trouwe kind wegnemen.

Het is beter gered te worden als een nederige dienaar dan ten onder te gaan als president van een bedrijf. Als wij ons daarom zorgen maken dat gelovigen niet allemaal sociaal en professioneel succesvol zijn en niet allemaal carrière hebben gemaakt, dan betekent dat dat wij niet geloven in Gods Voorzienigheid voor elke persoon, en dat wij vergeten dat God zijn discipelen verlossing beloofde en niet aardse goederen of sociaal succes.

In ieder geval is het beklimmen op de ladder van spirituele deugden altijd belangrijker dan het beklimmen op de carrièreladder.

Olga Rozhneva
1 november 2012

ORTHODOXIE
EN ONDERNEMERSCHAP

Sergey Sharapov en Marina Ulybysheva

Succesvolle economische activiteit en orthodoxie zijn geenszins met elkaar in strijd. Integendeel, het volgen van orthodoxe beginselen kan ondernemersactiviteiten met een diepe spirituele inhoud vullen.

Op 27 december 1917 verscheen een gewapende revolutionaire garde aan de deur van de particuliere Moskouse Handelsbank. Spoedig werden alle kluizen van de bank meedogenloos geplunderd: het geld en de goudstaven werden in beslag genomen door de nieuwe regering, de Sovjets. Begrijpelijk, voor de eigenaar van de bank en voor haar depositohouders was het net een natuurramp. En iedereen realiseerde zich dat het belachelijk zou zijn om je recht te halen in het geval van een aardbeving of een tsunami: natuurrampen leveren niemand geld op. Daarom besloot de voorzitter van de bank zijn schuldeisers te betalen uit zijn eigen middelen die op zijn buitenlandse bankrekeningen bleven staan. En dat deed hij dan ook op consequente basis. In de drie jaren van zijn leven die hem nog restten (hij stierf in 1920) gaf hij alles weg wat hij had en voldeed hij aan al zijn verplichtingen tegenover zijn spaarders. Tegelijkertijd werden de betalingen door de nieuwe regering beschouwd als een anti-Sovjet-activiteit: de bankier werd verschillende malen gearresteerd en bedreigd met alle middelen die beschikbaar waren in het arsenaal van de geheime dienst.

De naam van de man was Alexander Nikolayevich Naydenov. Zakenman. Religie: orthodox.

Nog een voorbeeld: aan het eind van de negentiende eeuw besloot de Russische koopman Pjotr Pavlovitsj Kapyrin zijn landgoed in Malojaroslavets te verkopen. Er werd een koper gevonden en ze sloten een overeenkomst. Het is waar dat de overeenkomst enkel in woorden was gesloten en onmiddellijk daarna bleek dat het landgoed zou worden doorkruist door een spoorweg, waardoor de prijs met een aantal malen werd verhoogd. Onmiddellijk werden nieuwe kopers gevonden, die het drievoudige van de oorspronkelijke prijs boden, maar Pjotr Pavlovitsj bleef bij zijn verlies en herriep de mondelinge overeenkomst niet. Hij verwees naar het woord van de koopman dat hij had gegeven. Zijn denominatie was orthodox.

Een goudsmid Michael Konstantinovich Sidorov schonk in 1857, toen de Krimoorlog begon, al zijn spaargeld aan de behoeften van het Russische leger, terwijl hijzelf met niets achterbleef. In zijn documenten stond in de kolom van een geloofsbelijdenis geschreven: orthodox.

Ongetwijfeld was het de orthodoxie die elk van deze ondernemers ertoe dwong te handelen ten nadele van zichzelf en hun zaak. De conclusie lijkt voor de hand te liggen: het is niet rendabel om orthodox te zijn in het zakenleven.

En als we daar de woorden aan toevoegen die vandaag op ieders lippen liggen: "Het is voor een kameel gemakkelijker om door het oog van een naald te gaan dan voor een rijke om het Koninkrijk Gods te betreden" (Lucas 18:25), dan lijkt het erop dat de orthodoxie geen kans maakt om een inspiratiebron te zijn voor iemand die zaken wil doen. En dit in tegenstelling tot het protestantisme met zijn programmaboek *Protestantse ethiek en de geest van het kapitalisme* van Max Weber. Het boek van de Duitse econoom is trouwens nog steeds zeer populair, bijvoorbeeld bij studenten en docenten aan onze economische universiteiten. In de opstellen van deze studenten wordt de voorkeur gegeven aan het protestantisme. Hieruit wordt de conclusie getrokken: het is zinloos de economie te baseren op de orthodoxe traditie. Alleen de protestantse godsdienst kan de basis vormen voor de opbouw van een economisch welvarende maatschappij. Wat de orthodoxie betreft, wordt, gek genoeg, hetzelfde idee herhaald, klinkend in overeenstemming met de postulaten van het Sovjetse *Handboek van de atheïst*:

"Het (orthodox-)christelijke ideaal van de mens en een deugdzaam leven staat fundamenteel haaks op de dringende belangen van het aardse leven van de mensheid... In het christendom heeft de negatieve houding tegenover arbeid als een activiteit die noodzakelijk is, maar in de ogen van God van weinig waarde, een vrij duidelijke uitdrukking en zelfs een dogmatische rechtvaardiging gekregen."

Het probleem is dat men alleen een valse conclusie kan trekken uit valse veronderstellingen. Wij zullen echter niet gehaast zijn. Bij nadere bestudering van de vraag kunnen wij onverwacht het tegenovergestelde antwoord krijgen.

Een paradoxale situatie

Orthodoxie is altijd bekritiseerd geweest. Van het moment van de incarnatie van de Verlosser op onze aarde tot op heden. De periode van herstel van het gezag van de Kerk na het goddeloze Sovjettijdperk was van korte duur. Vandaag de dag horen we steeds weer over "luiaards en luie priesters die in Mercedessen rijden" (hoewel het priesterschap naast het fysieke werk - voor God staan in diensten - ook geestelijk werk verricht, dat als een van de zwaarste voor een mens wordt beschouwd). Met andere woorden, de ethiek van het werk, de houding tegenover aardse goederen, vraagstukken van rijkdom en armoede, vormden zowel in de Sovjettijd als nu een struikelblok. Het misverstand over deze kwesties gaat zo ver dat we zien dat niet alleen ongelovigen, maar ook velen die zichzelf als orthodox beschouwen, er een vertekend beeld van hebben.

Waarom dit misverstand? Feit is dat wij in de traditie van de Vaders tot op heden geen samenhangende theologisch gefundeerde leer vinden over werk, economische ethiek en ondernemerschap. Hoewel gedachten hierover verspreid staan in vele boeken van christelijke asceten, waarin wij niet anders kunnen lezen dan dat "ledigheid de dood van de ziel is" (Izaäk de Syriër) en de wortel van het kwaad, waaruit vele ondeugden groeien.

Maar zolang er bij de mensen geen vervorming van de Waarheid is, is er geen reden om apart te formuleren wat voor iedereen reeds duidelijk is. Zoals wij uit de geschiedenis weten, begint de orthodoxie haar dogma's collectief aan te scherpen wanneer er van deze dogma's wordt afgeweken in allerlei ketterijen. Waarom bewijzen dat deze bloem wit is als dat voor iedereen duidelijk is? Maar wanneer er stemmen opgaan dat de bloem karmozijnrood en grijs is, moet men voor de waarheid opkomen. De geloofsbelijdenis van Nicea werd dus pas in 325-381 na Christus geformuleerd als antwoord op de Ariaanse ketterij.

Maar al in het begin van de negentiende eeuw werd duidelijk dat het christendom behoefte had aan een serieuze theologische bezinning op de ethiek van werk en handel, ondernemerschap en privé-eigendom. En zo'n serieuze studie verscheen in Rusland in 1913, met een voorwoord van de Russische filosoof en theoloog, priester en leraar politieke economie Sergej Boelgakov. De studie zelf werd echter in het Westen gemaakt door Ignatz Seipel, een Oostenrijkse professor in de theologie en een katholieke prelaat, die al snel (na 1917) persona non grata werd verklaard in Rusland. Seipel werd beschuldigd van "reactionaire" politieke activiteiten. Dit fundamentele werk heet "Economische en ethische opvattingen van de kerkvaders". Boelgakov schreef over Seipel dat hij "een essentiële leemte vult in onze theologische en economische literatuur". In tegenstelling tot de Russische studies van K. Kautsky (Social Movements in the Middle Ages and the Reformation, Spb, 1901) en V. Ekzemplarsky (Doctrine of the Ancient Church on Property and Almsgiving, Kiev, 1910), heeft hij, volgens Boelgakov, "de voordelen van volledigheid en objectiviteit". Toen al was Boelgakov zich meer dan wie ook bewust van de waarde van dit boek en zag hij de urgentie in van de economische problemen in de Russische samenleving.

Tegen het midden en het einde van de negentiende eeuw was in Rusland een nogal vreemde situatie ontstaan. Enerzijds zien we een ongekende bloei van het ondernemerschap en het mecenaat voor de kunsten. De "Herald of Industry" schreef in 1858: " In Rusland neemt vooral de vraag naar machines en mechanische werktuigen van diverse aard toe. De Engelse machinefabrieken in Manchester en Newcastle waren bijna uitsluitend bezig met het vervullen van orders voor de Russische productie en voor particuliere bedrijven. Terzelfder tijd werd de productie van eigen machines in een snel tempo opgestart. En van de omvang van de filantropische activiteit getuigde in 1856 de beroemde historicus Michail Pogodin: "Onze kooplieden zijn nog niet bereid geschiedenis te maken: zij tellen hun giften niet en beroven de volkskroniek van mooie bladzijden. Als wij alleen al al hun schenkingen van de huidige eeuw zouden tellen, zouden zij een dergelijk bedrag belopen dat Europa zou moeten vereren." Tegen 1900 werden alleen al in Moskou meer giften gedaan dan in Parijs, Berlijn en Wenen samen. Fjodor Chaliapin schreef met bewondering: "Ik heb bijna de hele wereld afgereisd en de huizen van de rijkste Europeanen en Amerikanen bezocht, en ik moet zeggen dat ik nog nooit zo'n reikwijdte en uitdeel heb gezien.

De hoge orthodoxe geest van dit ondernemerschap blijkt ook uit verrassende voorbeelden van de standvastigheid van eerlijke koopmanswoorden, brieven en testamenten aan kinderen. Zo zei de beroemde koopman Vasili Prochorov op zijn sterfbed: "Heb vroomheid lief en blijf weg van slechte genootschappen, beledig niemand en tel de ondeugden van anderen niet mee, maar let op je eigen ondeugden, leef niet voor rijkdom, maar voor God." Konstantin Bestoezjev-Rjumin schreef over een van de vertegenwoordigers van de Prochorov-dynastie: "Een koopman van geboorte, maar in hart en nieren hoger dan welke edelman ook... Accepteer een eerbetoon van mij, beste man Prochorov, je hebt me verzoend met mijn dierbare Vaderland... je bent een vriend van het Russische volk, een vriend van de mensheid. Ga door met uw gunsten." Of, bijvoorbeeld, Lavrenty Beljajev (grootvader van de beroemde Optina-ouderling), hij verwierp elk bedrog in zaken: "Ik heb in mijn hele leven nog nooit iemand bedrogen en mijn zaken zijn altijd beter gegaan dan die van anderen."

Maar aan de andere kant constateren wij een zeer negatieve houding van het publiek tegenover de klasse van ondernemers. Dit kan deels worden afgelezen uit de grote Russische klassieke literatuur. Zoals we weten, hebben de rijken daar heel, heel veel pech mee. Het zit vol met kooplieden, tirannen en vertegenwoordigers van het "duistere koninkrijk". Dikoj en Kabanikha, Chreptyugin en Korobochka, Lopakhin en Gordejev - zelfs de familienamen die Ostrovski, Saltykov-Sjtsjedrin, Gogol, Tsjechov en Gorki voor hun personages kiezen, laten zien hoezeer de auteurs deze mensen afwijzen. De censor Michail Gedionov was verbaasd toen hij Ostrovski's toneelstuk "Het is een familieaangelegenheid - we regelen het zelf wel" had gelezen en zei: "Alle personages zijn schurken... Het hele stuk is schadelijk voor de Russische koopmansstand." Maar niettemin werd het met enthousiasme ontvangen door de Russische samenleving. Waarom? Deze opvatting, die rijkdom associeert met hebzucht, bedrog en gierigheid en armoede met vriendelijkheid, eerlijkheid en vrijgevigheid is een stereotype geworden voor vele naties en de Russen zijn daarop geen uitzondering.

In het midden van de jaren 1860 schreef de Russische koopman, econoom en toneelschrijver Aleksandr Oesjakov met spijt dat een koopman in de literatuur "ofwel een schooier, ofwel een schelm, ofwel belachelijk is, en op zo'n manier verschijnt, in zo'n taal spreekt alsof hij uit een heel andere wereld komt. Als koopman kan men niet anders dan over dit vreemde verschijnsel te piekeren.

Poesjkins werk "Het verhaal van de paus en zijn werkman Balda" is in dit opzicht symptomatisch. Zoals bekend, werd het niet gepubliceerd tijdens het leven van de auteur. Het werd voor het eerst gepubliceerd door Vasili Zjoekovski in 1840. Om redenen van censuur verving Zjoekovski de priester door koopman Koezma Ostolop: "Er leefde eens een koopman Koezma Ostolop, bijgenaamd Osinovy Lob." En zo werd het gedrukt tot 1882 in de verzameling van de werken van Poesjkin en in publicaties voor het volk. Dat wil zeggen, zowel Zjoekovski zelf als de censoren vonden het heel normaal om een koopman te zetten in plaats van een priester als een type dat een overeenkomstig stereotype heeft in de perceptie van de lezers en geen gezaghebbende stem heeft in de maatschappij om zichzelf te verdedigen.

Van de kooplieden

Een schrijver heeft er geestig op gewezen dat de Russische literaire fictie en journalistiek de opkomst van een bourgeoisklasse heeft opgevat als een nieuwe Tataarse invasie waaraan men moet ontsnappen. Het bijtende artikel van G. Startsev over de kooplieden uit die tijd, gepubliceerd in het beursblad "De stinkerds zijn trots geworden", bewijst dit.

Dat wil zeggen, het ideaal van de man van die tijd (ook de orthodoxe man) was een arme man. En de rijken verdienden maar één ding - de hel: "Laat uw ziel naar de hel gaan, dan zult u rijk worden." Het is duidelijk dat deze houding van de maatschappij een mens helemaal niet tot ondernemerschap aanzette. Het was waarschijnlijk geen toeval dat het idee van de opbouw van het communisme, een maatschappij zonder geld en warenverhoudingen, iedereen boeide. En toch verdienden kooplieden en fokkers in het algemeen het niet om als zodanig behandeld te worden.

Zo werden veel van de nu beroemde Optina-oudsten beroemd om het feit dat zij vanaf de tweede helft van de 18e eeuw "naar de wereld straalden", aan Rusland geschonken door de koopmansklasse. De oudere Lev (Nagolkin) was een koopman uit de provincie Oryol. In zijn jeugd werkte hij als klerk bij de koopman Sokolnikov en toonde zich in het beste licht, zodat de eigenaar zijn dochter aan hem wilde uithuwelijken, en alleen de neiging van de jongeman tot het monnikendom verhinderde dat dit voornemen werkelijkheid werd. Isaac (Antimonov) kwam uit een bekende welgestelde koopmansfamilie van de stad Koersk en hij kreeg al zijn vaardigheden van vroomheid en gehoorzaamheid in zijn geboortehuis mee. De ouders van Varsonophy (Plikhankov) waren werkzaam in de handel in Samara. De oudere Anatolij (Potapov) stamde af van de Moskouse kleinburgerij die zich met handel bezighield. In zijn jeugd was hij zelf koopman. De oudere Nikon (Beljajev) werd geboren in een Moskouse koopmansfamilie. Wij hebben zijn grootvader al genoemd.

Men kan ook denken aan andere opmerkelijke Russische heiligen die in de schoot van de koopmansfamilie werden geboren. De grote heilige van het Russische land Serafim van Sarov, de Eerwaarde Herman van Alaska, de Heilige Zalige Johannes de Wonderdoener van Toela, de heilige Eerwaarde Eleazar van Anzera, het brein en de stichter van het kloosterleven op Anzera, de Eerwaarde Dimitrij Priloetski, de Vologda wonderdoener Nikolaj Koetsjov, de Novgorod dwaas om Christus - allen kwamen uit de koopmansklasse. Velen van hen gingen vroeg aan het werk, hielpen hun ouders in de winkels, werkten als klerk en dreven handel. Deze eerste levenservaring kwam de bouwers van kerken en kloosters overigens zeer goed van pas. De heilige Serafim van Vyritsk was een succesvol miljonair en ondernemer voordat hij naar het klooster ging.

Maar een van de meest verbazingwekkende voorbeelden van de directe combinatie van orthodoxie en ondernemerschap is misschien wel het voorbeeld van het leven van de heilige Vasilij van Pavlovo-Posad. Gryaznov, Basil Ivanovich (1816-1869) - een orthodoxe asceet. Hij werd in 1999 door de Russisch-orthodoxe kerk heilig verklaard als heilige op de lijst van de rechtvaardigen. Dit is een man die eerst de gaven van heiligheid verwierf en daarna zakenman werd. Toen Vasilij al bekendstond om zijn heilig ascetisch leven, kreeg hij op een dag bezoek van de koopman Jakov Labzin - de eigenaar van de beroemde shawlfabriek in Pavlovskij Posad. Jakov Labzin kreeg geestelijke hulp van de rechtvaardige man en was onder de indruk van zijn heilige leven. Daarna nodigde hij Vasilij uit om zijn kameraad in zaken te worden. Vervolgens gebruikten zij de opbrengst van hun gezamenlijke arbeid om scholen en armenhuizen te bouwen.

Dat hadden we allemaal. Maar, helaas, vele jaren had een ander de overhand. Het Sovjetregime, dat aan het begin van de twintigste eeuw werd ingesteld, verkondigde arbeid als zijn ideaal, maar deed er in werkelijkheid alles aan om mensen van arbeid te vervreemden. We zullen de bekende feiten niet herhalen. Maar deze macht begon doelbewust het orthodoxe begrip van de arbeidsethiek uit te roeien, dat onze kooplieden met de melk van hun moeders, met de geest van de ware orthodoxie, in hun gezinnen hadden opgenomen. Hier volgt nog een belangrijk citaat uit het Handboek van de Atheïst: "De degradatie van productieve arbeid heeft tot gevolg dat veel gelovigen in ondernemingen en collectieve boerderijen werken zonder enthousiasme, zonder enige wens om hun productiviteit en hun productiekwalificaties te verhogen. Het is niet ongewoon dat zij afwezig zijn op feestdagen en andere vrije dagen. Dit alles getuigt van de afwezigheid bij deze gelovigen van het bewustzijn en de zin voor arbeidsplicht, een eigenschap die de overtuigde bouwers van het communisme onderscheidt."

In de jaren '40 begon professor en theoloog Boelgakov volgeling Nikolai Nikolajevitsj Fioletov aan zijn werk *Essays over Christelijke Apologetiek*, waarin hij opnieuw een poging deed om de opvattingen van de kerkvaders over arbeidsethiek en houding tegenover het aardse welzijn samen te vatten. Helaas slaagde Fioletov er niet in om *Essays* af te maken - hij stierf al snel van uitputting in de dwangarbeiderskampen in Mariinsk. Fioletov schreef: "De meeste aanvallen op het christendom zijn gebaseerd op verwrongen ideeën erover, perversies ervan. Het herstel van de ware betekenis van de christelijke leer is het beste antwoord daarop. Daarna is het onderwerp in Rusland meer dan een halve eeuw lang niet ontwikkeld geweest.

Rijkdom en armoede

Pas net, in 2005, verscheen een belangrijk document, opgesteld door de Raad van Bisschoppen - de *Fundamenten van het Sociale Concept van de Russisch-Orthodoxe Kerk*. Het bevat belangrijke bepalingen inzake eigendomskwesties en de ethiek van arbeid en ondernemerschap. Daarna begonnen ook door de orthodoxe gemeenschap ontwikkelde documenten te verschijnen. Hiertoe behoort de *Ethische code van de orthodoxe ondernemer*, die bedoeld is voor vrijwillige overname door zakenlieden die zich in hun leven willen laten leiden door de morele normen die de orthodoxie ons geeft.

In 2011, na een positieve beoordeling van de uitgeversraad van de Russisch-orthodoxe kerk, werd het boek *Armoede en Rijkdom. De Orthodoxe Ethiek van Ondernemerschap* uitgegeven. Daarin is niet zozeer getracht dit onderwerp wetenschappelijk te ontwikkelen, als wel de aandacht van specialisten te trekken. Dit boek zegt: wie de diepte en schoonheid van de orthodoxie van binnenuit kent, zal nooit conclusies trekken over de zinloosheid ervan in de economische opbouw van Rusland.

Natuurlijk is het geloof geen dienaar van de economie. Het geloof is aan de mens gegeven, niet om welzijn en troost in deze wereld te regelen, maar om hem naar het eeuwige, hemelse te leiden, om de mens te redden, om hem dichter bij God te brengen, om de mens God eigen te maken.

Maar ook de bewering dat de orthodoxie fundamenteel in strijd is met het natuurlijke menselijke streven naar persoonlijk en sociaal welzijn is volkomen onjuist. Het is verkeerd te denken dat de orthodoxie oproept dit leven te verdragen als een soort slechte werkelijkheid, om in een betere wereld andere goederen te vinden en eindelijk een echt leven te beginnen. Want als het aardse leven slechts een slechte werkelijkheid is, dan wordt elke creatieve activiteit verstoken van waarde en zinvolle betekenis, verschijnt het als een zinloze kringloop der dingen.

In feite dient het aardse bestaan een intelligent, waardig doel. Het wordt niet geleid door willekeur, maar door het ene opperste principe, God, dat in alle aspecten van het leven doordringt. Daarom zijn zelfs tijdelijke, aardse doelen gerechtvaardigd vanuit een hoger gezichtspunt en zijn ze in een hoger perspectief van belang.

Maar wat is eigenlijk de houding van de orthodoxie tegenover rijkdom? Het blijkt precies hetzelfde te zijn als bij armoede. Dat wil zeggen, noch armoede noch rijkdom in het aardse leven is een voorwaarde voor menselijke verlossing. De heilige Basilius de Grote betoogde in zijn brieven aan zijn vriend de heilige Gregorius de Theoloog over zulke dingen die in de christelijke ethiek "adiaphorisch" worden genoemd (dat wil zeggen, noch goed noch zondig). Zulke "adiaphorische" dingen kunnen echter goed of kwaad dienen, afhankelijk van hoe we ze gebruiken.

Rijkdom is op zichzelf geen kwaad, maar wordt pas kwaad wanneer het al het andere overschaduwt, wanneer men eraan verslaafd raakt. De heilige Basilius de Grote, een van de erkende leraren van onze Kerk, schreef in een van zijn brieven: "Want gezondheid en ziekte, rijkdom en armoede, roem en schande zijn niet van nature goed omdat zij die bezitten, maar omdat zij ons leven comfortabel maken zijn de eerstgenoemde gunstig voor de andere en wordt er enige waardigheid aan toegekend" (H. Basilius de Grote. Brief 228 (236) aan Amphilochius, Vol. 3. Spp. 1911, p. 290).

Dat wil zeggen, het is handiger voor een man om rijk en gezond te zijn dan arm en ziek. Wat armoede betreft: er is armoede die de verlangens van de mens, die ze met zijn wil niet kan beheersen, eenvoudig inperkt. Zulke armoede is het medicijn van God. Maar er is extreme armoede, waarin men niet beschikt over de middelen die nodig zijn voor leven en gezondheid. De heilige Ermus, die leefde in de eerste eeuw, meende dat in geval van de tweede armoede de mens hulpeloos wordt, als een gevangene in ketenen en zijn ziel geen goede vrucht kan dragen voor de Heer, net zoals de wijnstok die aan de grond wordt gezet rotte en magere vruchten draagt. Dat wil zeggen, tijdelijke aardse goederen zijn een kostbaar geschenk van God en armoede (en nog meer armoede) is geen universeel geneesmiddel voor alle ziekten.

Bij een juiste geestelijke vorming zijn noch rijkdom noch armoede schadelijk voor de mens, maar bij een verkeerde vorming is rijkdom de voedingsbodem van ijdelheid, trots, egoïsme en wreedheid en is armoede de voedingsbodem van afgunst, veroordeling en haat. Wat is beter? Niets, want de weg naar de hel is geplaveid met beide zonden. De ziekte van verslaving aan bezit kan zowel de rijke als de arme treffen. De laatste kan zo gehecht zijn aan zijn laatste hemd, als de rijke niet aan al zijn bezittingen. De heilige Varsonophy van Optina zei: "Het is mogelijk gered te worden zowel in rijkdom als in armoede." Armoede zelf zal je niet redden. Het is mogelijk om miljoenen te hebben, maar een hart met God te hebben en gered te worden. Het is mogelijk gehecht te zijn aan geld en in armoede te vervallen.

De orthodoxe leer is dus verre van een principiële minachting voor aardse goederen. Er is geen kwaad in de aard der dingen. Het kwaad is slechts een gevolg van de slechte, zondige wil van de mens. Het ligt niet in de dingen of goederen zelf, maar in het perverse, oneigenlijke gebruik ervan. De betekenis van aardse goederen wordt prachtig uitgelegd door apostel Paulus: "...de aarde van de Heer, en wat haar vervult..."; "Alle dingen zijn mij geoorloofd..."; "... maar niets mag mij bezitten" (1 Kor. 10:26; 10:23; 6:12).

Om te verfraaien en te transformeren

Nu twee woorden over werk. Het is de orthodoxie die echte waarde toekent aan arbeid: arbeid is niet de vloek van de eerste mensen die uit het paradijs zijn verdreven (waar ze zogenaamd niets deden, integendeel, ze werkten - ze bewerkten het paradijs dat hun was gegeven). En geheel ten onrechte vatten sommige "liefhebbers van vroomheid" de woorden van het Evangelie over de vogels van de hemel die zaaien noch oogsten en "zich geen zorgen maken over de dag van morgen" op als een oproep om niet te werken.

In de Griekse tekst neemt het werkwoord "merimnaw" de plaats in van "maak je geen zorgen". In een betere vertaling betekent het "wees niet verontrust, blijf niet in beroering". Er wordt dus gesproken over de depressie van de mens door het voortdurend piekeren over zijn lot en welzijn, over zorgen die geen goed doen maar alleen zijn bestaan vergiftigen. Het Evangelie vraagt om een innerlijke vrijheid van kleinzielige, persoonlijke zorgen, een verheffing boven de overweldigende ijdelheid van de ziel en een rustig vertrouwen in de wegen van de Voorzienigheid. Zonder op enigerlei wijze de verplichting en de waarde van het dagelijkse werk weg te nemen, geeft het Evangelie er een hoger doel en motief aan. Want alleen arbeid is het juiste middel om te verkrijgen wat nodig is, of het nu gaat om het Koninkrijk der Hemelen of om louter kortstondig levensonderhoud. God straft en vervloekt niet met werk. Integendeel, werk is eerder het middel om de gevolgen van de zonde uit te roeien, de weg om het verloren paradijs te herwinnen. "Wie in ledigheid leeft, zondigt voortdurend" (Heilige Tikhon van Zadonsky).

De mens is door God geroepen om de wereld waarin hij leeft te verfraaien en te veranderen. Volgens Gods plan hangt het lot van het universum volledig af van de mens, hij is er volledig verantwoordelijk voor. Afhankelijk van de richting van de vrije wil van de mens, de richting van zijn beweging, hetzij naar God hetzij van God af, verandert de materiële wereld ten goede of wordt zij misvormd. Daarom is het voor de orthodoxe mens geen vraag of het al dan niet mogelijk is om zaken te doen, voor hem is het een kwestie van hoe het te doen, hoe deze activiteit te harmoniseren met de wil en de voorzienigheid van God.

Elke gave die God aan de mens geeft is uniek. De gave van een schrijver, een kunstenaar, een musicus, een ingenieur, een bouwvakker, een schoenmaker, een naaister en een arts is uniek. De ondernemersgave is ook uniek - zij onderscheidt zich van sommige andere in die zin dat zij van een persoon veel meer inspanning en energie vergt dan van een gewone uitvoerder. Het vereist creatieve ideeën, het vermogen om dingen tot het einde toe uit te voeren, het vermogen om veel mensen om je heen te organiseren, contacten en relaties te leggen, discipline te krijgen van ondergeschikten, verantwoordelijkheid te nemen voor beslissingen, het vereist mobiliteit, basiskennis van economie en recht enzovoort. Het betekent dat we niet allemaal gelijk zijn wat betreft de talenten die ons zijn gegeven. Het is geen toeval dat de gelijkenis zegt dat de meester ieder "naar zijn vermogen" heeft gegeven. Een ondernemerstalent is, figuurlijk gesproken, niet één maar meerdere talenten. Aan wie veel gegeven is, is veel vereist. Als iemand die zoveel macht en energie van God heeft, die onverstandig gebruikt en zijn talent in de grond stopt, zal hij zich daarvoor zeker moeten verantwoorden.

Een speciaal cadeau

In het algemeen kan men zeggen dat ondernemerschap een bijzondere sociaal-economische activiteit is die verband houdt met economisch initiatief, onafhankelijkheid en het vermogen om niet alleen technische en technologische, maar ook sociaal-culturele innovatie tot stand te brengen en toe te passen. Kenmerkende eigenschappen van een ondernemer zijn: initiatief tonen, het nemen van risico's, het combineren van productiefactoren en innovatie. Door management- en innovatieve beslissingen te nemen creëren ondernemers nieuwe, voorheen onbekende combinaties van productiefactoren.

Een dergelijk begrip van ondernemersactiviteit gaf de beroemde Oostenrijkse econoom en socioloog Joseph Schumpeter aanleiding tot de conclusie dat er niet drie productiefactoren zijn (arbeid, grond en kapitaal), maar vier - arbeid, grond, kapitaal en ... ondernemersactiviteit. En hij definieerde de ondernemer als een persoon die innovaties introduceert in de processen van productie, levering en marketing van producten. Overigens is een dergelijke definitie niets nieuws voor het orthodoxe zelfbewustzijn van de Russische ondernemer. Reeds in de XIX eeuw schreef een bekende journalist over de koopman N. Tsjoekmaldin: "Alleen de uitvinder, de pionier van een nieuwe algemeen nuttige zaak, wordt rijk. Alles wat ten onrechte wordt verkregen, door middel van bedrog, eigenbelang en kwaad, heeft de dood in zich. Alleen het goede is levensvatbaar en duurzaam."

In de loop van zijn activiteit wordt de ondernemer eigenaar van privé-eigendom, soms van aanzienlijke omvang. Is dit een zonde? Maar het blijkt dat Christus niet iedereen opriep zijn bezittingen weg te geven. Sommige van zijn discipelen waren zeer rijk - Jozef van Arimathea, of Nicodemus van het Sanhedrin, of Jaïrus, wiens dochter de Verlosser uit de dood had opgewekt. En tot de beroemde jongeman die volmaakt wilde worden, de oproep om zijn bezittingen onder de armen te verdelen, wees Hij er slechts op dat niet de rijkdom zelf hem hinderde, maar de verslaving eraan.

Het is altijd belangrijk te onthouden dat "goed en kwaad, leven en dood, armoede en rijkdom van de Heer zijn" (Sirach 11:14). God probeert ons altijd in de omstandigheden te brengen die het gunstigst zijn voor onze redding. Jaloezie die niet in overeenstemming was met de rede werd veroordeeld door het Concilie van Gangra van de Kerk in het midden van de vierde eeuw. Het concilie formuleerde enkele regels voor het onderwijs aan hen die uit aan fanatisme grenzende gretigheid probeerden alles te verdelen en af te pakken. Onder het anathema vielen dus onder meer gelovigen die "rechtvaardige rijkdom verachten" en die "degenen die geld hadden en het niet weggaven, veroordeelden alsof het heil voor hen hopeloos was". (Het Concilie nam 21 regels aan, die deel gingen uitmaken van het algemene corpus van het kerkelijk recht in de Orthodoxe Kerk. Het zesde oecumenische concilie "bezegelde met zijn instemming" de heilige regels die de heiligen en gezegende vaders te Gangra hadden opgesteld).

Maar er is een belangrijk onderscheid in de orthodoxie: de bezitter wordt niet beschouwd als de persoonlijke meester van zijn bezit, maar als de beheerder van het eigendom van God, hem gegeven voor tijdelijk gebruik in dit leven. Aartsbisschop Johannes (Shakhovskiy) schreef in zijn *Filosofie van het Eigendom*: "De wereld behoorde, behoort en zal alleen God toebehoren, ongeacht de krachten die tijdelijk in de wereld werkzaam zijn." Betekent dit dat de mens geen eigendom heeft en kan hebben? Integendeel. Dus, het eigendom van een mens heeft zijn basis in het feit dat er het eigendom in het algemeen is en er is de Meester van alles in het algemeen, dus het eigendom kan worden gegeven als er zijn ware Meester is... Wat een ruimte, wat een diepe grond van alle ware eigendom! In het licht van deze rechtvaardiging wordt duidelijk waarom niets kan worden gestolen, niets kan worden toegeëigend en niets rijk kan worden, niets waardoor men zich kan verheffen. Alle eigendom behoort God toe, net zoals het leven Hem toebehoort. En eigendom is evenzeer door God gegeven als het leven.

Dienovereenkomstig vloeien de belangrijke kwesties van naastenliefde (als het goed doen aan anderen) organisch voort uit de orthodoxe leer. En dit is ook een ernstige aparte kwestie, waarbij het simpelweg geven van geld en materiële goederen aan behoeftigen niet altijd een schepping van goed is. Het is belangrijker om de valide persoon de voorwaarden en de mogelijkheid te geven om dit alles door eigen arbeid te verwerven.

In de geschiedenis van het orthodoxe ondernemerschap is er nog een verbazingwekkend voorbeeld: dit is de ondernemersactiviteit van de Pochaev Lavra in 1907-1914. De zaak werd georganiseerd door aartsbisschop Volynsky (en hij was op dat moment Anthony Khrapovitsky) - een edelman, nam de sluier op de leeftijd van 22, een theoloog en filosoof, een lid van de Lokale Raad van 1917-1918, een van de drie kandidaten voor de Patriarchale Troon. Vervolgens werd hij na de burgeroorlog eerste hiërarch van de Russisch-orthodoxe kerk in het buitenland en zijn medewerker archimandriet Vitaly (Maksimenko). De Pochaevo-Volynskiy People's Loan Bank werd opgericht onder het patronaat van het Lavra klooster. Het voornaamste kapitaal van de bank bestond uit lidmaatschapsgelden en leningen van het Ministerie van Financiën, het directoraat-generaal Landbouw en Grondbeheer en het directoraat-generaal Hervestiging. De hoofdactiviteit van het Pochay-Volynskiy Volkskrediet was het verstrekken van leningen aan boeren voor de aankoop van land en productiemiddelen. Door aan de boeren van Klein Rusland hefboomleningen te verstrekken, haalde de bank miljoenen boeren uit hun economische afhankelijkheid van de Poolse diaspora en maakte Volyn tot een zone van welvaart en politieke stabiliteit. In 1908 regelde de Pochayiv Lavra verschillende consumentenwinkels en stuurde 75 wagens goedkoop brood uit Tsjeljabinsk tijdens de slechte oogst, waardoor de speculanten, die probeerden te profiteren van het verdriet van de mensen, gedwongen werden de broodprijzen te verlagen.

Samenvattend merken wij op dat de orthodoxie ieder van ons een onuitputtelijke bron van optimisme biedt. Ons geloof is levensbevestigend. Het volstaat te herinneren aan de woorden van metropoliet Philaret van Moskou: "Laat hen de waarheid belasteren; laat hen de liefde haten; laat hen het leven doden: de waarheid zal gerechtvaardigd worden; de liefde zal winnen; het leven zal opstaan." Orthodoxie heeft alles in huis om een ondernemer te motiveren. Daarmee tilt hij deze activiteit naar het hoogste niveau van dienstbaarheid aan de naaste en aan God. En in die zin is alleen deze benadering een alternatief voor de activiteit van de oligarchie zonder God, onverzadigbaar, immoreel, een woestijn achterlatend. Omdat de Heer over hen zei: "Wee jullie die nu lachen..."

WAT WORDT ER GEBOREN
EN WAT STERFT ER IN EEN RUZIE?

Bisschop Pakhomii (Bruskov) van Pokrovsk en Mykolaiv

Geschillen zijn altijd een integraal onderdeel van het menselijk leven geweest. Vroeger discussieerden mensen mondeling, later schriftelijk, in kranten en in tijdschriften. Tegenwoordig krijgt elk geschil in de samenleving een enorme omvang en intensiteit door het internet. En zaken als de cultuur van het debat, het primaat van argumenten boven emoties, correct gedrag tegenover een tegenstander, respect voor hem, etc. zijn slechts om van te dromen of in herinnering te brengen. Het tijdperk dat voor ons ligt is complex, moeilijk en zeer conflictueus: zowel in de wereld als in ons land zijn vandaag de dag allerlei polariserende maatschappelijke krachten en bewegingen actief, botsen onverenigbare belangen en verdedigen onverzoenlijke tegenstanders hun standpunten. Hoe vaak eindigen debatten niet in een stroom van wederzijdse beledigingen en ontstaat er een breuk in de goede betrekkingen. Hoe vaak wordt in dit soort geschillen geen waarheid geboren, maar sterft de liefde. Hoe vermijd je het? Hoe leren we argumenteren zonder haat, agressie of bitterheid? Hoe onderbreken we de uitwisseling van boze opmerkingen en keren we terug naar een echte dialoog?

We vroegen bisschop Pakhomii (Bruskov) van Pokrovsk en Mykolaiv naar argumenten en onze mogelijke betrokkenheid daarbij.

Aartsbisschop, is het misschien beter voor een orthodoxe christen om helemaal niet deel te nemen aan de discussie over verhitte onderwerpen in verband met het sociale en politieke leven, om de vrede in zijn ziel te bewaren? Maar wat moet je doen als je gevoel voor rechtvaardigheid en burgerplicht vraagt om in te grijpen en je standpunt te verdedigen?

Een orthodox christen moet zich bij alles wat hij doet laten leiden door de belangrijkste autoriteit: het woord Gods. Zoals de heilige Ignatius Bryanchaninov het zegt, is het noodzakelijk de Heilige Schrift zo goed te bestuderen dat de geest er voortdurend in moet 'zwemmen'. Wij moeten elke situatie in het leven kunnen vergelijken met wat het evangelie erover te zeggen heeft en de woorden van de apostelen en de Heer zelf aanvaarden als leidraad voor ons handelen.

Laten we eens kijken naar hoe de apostel Paulus denkt over het argumenteren. Hij schrijft dat er ook onder u geschillen moeten zijn, opdat degenen die vaardig zijn zich openbaren (1 Korintiërs 11:19). Het is geen toeval dat men zegt dat waarheid geboren wordt in een debat. Het is onmogelijk om ruzie te vermijden, maar we moeten ervoor zorgen dat het niet uitgroeit tot een ruzie.

De politiek maakt deel uit van de samenleving, dus het is waarschijnlijk onmogelijk om totaal onverschillig te staan tegenover de politiek. Voor mannen is het bijzonder moeilijk om dergelijke gesprekken te vermijden, omdat de politiek altijd het domein is geweest van het mannelijke deel van de samenleving, terwijl economie, dat wil zeggen de kunst van het huishouden, de verantwoordelijkheid van de vrouw is gebleven. Er is niets zondigs aan wanneer mensen verschillende meningen hebben over een onderwerp. We leven tenslotte in een democratische, vrije staat.

Helaas leiden discussies over politieke vraagstukken vaak tot ernstige conflicten, niet alleen in de samenleving, maar ook binnen het gezin en tussen naasten. In dergelijke gevallen moet men op tijd kunnen stoppen, volgens de raad van de heilige Ambrosius van Optina, die zei: "Hij die toegeeft, is degene die het meest wint!"

Soms leiden discussies over zuiver kerkelijke kwesties, zoals de frequentie van de biecht, de voorbereiding op de heilige communie en kerkelijke huwelijken, ook tot wederzijdse beschuldigingen en hebben ze geen christelijke toon. Waarom gebeurt dit? En is het nodig om deze problemen in het openbaar te bespreken, bijvoorbeeld in sociale netwerken, waar iedereen, zelfs degenen die ver van de kerk afstaan, hun mening kunnen geven?

Het probleem waarover u spreekt is de gesel van de moderne samenleving: we hechten te veel waarde aan onze meningen, we zijn te luidruchtig over onze rechten, terwijl we onze plichten vergeten. Het leven van de Kerk impliceert dat iemand die de weg van berouw is ingeslagen allereerst zijn eigen tekortkomingen moet zien. Voor de christelijke gelovige is gehoorzaamheid heel belangrijk, wat "meer is dan vasten en bidden". De meeste van onze huidige parochianen zijn betrekkelijk recent tot de Kerk gekomen, dus vaak zijn hun ideeën over de Kerk ver van de waarheid of bij benadering. Het duurt jaren voordat iemand in het leven van de Kerk komt, voordat de Heer hem een duidelijk inzicht geeft in wat daar gebeurt. Daarom is het heel belangrijk voor een orthodoxe christen om te leren naar zijn broeder te luisteren en naar zijn mentoren, om nederig te worden, om het standpunt van de tegenpartij te begrijpen.

Wat de discussies op internet betreft, heel vaak gaan die discussies over zuiver kerkelijke en tegelijk zeer moeilijke problemen die mensen ver van de orthodoxe kerk proberen te bespreken. Daar hebben ze natuurlijk recht op. Maar aan de andere kant, wat hebben ze te bieden?

Immers, in een betoog is het belangrijk niet alleen de onjuiste stand van zaken vast te stellen, maar ook een oplossing te bieden, niet om mensen te veroordelen omdat ze verkeerd doen, maar om aan te geven wat juist is.

Veel mensen veroordelen de Kerk en zeggen dat als de Kerk anders was, zij naar de Kerk zouden gaan, maar ondertussen doen zij helaas niets. Ik geloof dat dit een fundamenteel verkeerde benadering van het probleem is. Degenen die dat zeggen, begrijpen gewoonweg niets van wat ze proberen te beoordelen. Als je echt geeft om de zuiverheid van het kerkelijk leven, kom dan naar de Kerk en neem haar problemen op. En de spot drijven met de kwalen van de Kerk is als de spot drijven met een zieke moeder in plaats van haar te verzorgen, haar te genezen.

Nu overheersen helaas luide argumenten, geschreeuw, lawaai en andere wandaden in de kerkelijke discussie. Maar hoe weinig van onze parochianen zijn degenen op wie de priester kan vertrouwen om zelfs de meest elementaire kwesties van het parochieleven op te lossen!

En het is zeker onaanvaardbaar om interne kerkelijke problemen voor te leggen aan het oordeel van mensen die niets van de Kerk afweten. In zijn Eerste Brief aan de Korintiërs beschrijft Paulus een situatie waarin een geschil ontstond tussen gemeenteleden en dat voor de rechter werd gebracht door heidenen die niets begrepen van de structuur van de Kerk: "Als u dus rechtszaken hebt over alledaagse dingen, stel dan hen aan die in de gemeente niet in aanzien zijn. Tot beschaming zeg ik u dit. Is er dan onder u niemand die wijs is, zelfs niet één die in staat zou zijn een oordeel te vellen in een geschil tussen zijn broeders? Integendeel, de ene broeder spant tegen de andere broeder een rechtszaak aan, en dat voor ongelovigen. Dan is er al volledig sprake van verlies onder u, dat u onder elkaar rechtszaken hebt. Waarom lijdt u niet liever onrecht? Waarom laat u zich niet liever benadelen?" (1 Kor. 6:4-7).

Wat de apostel zegt over het oordeel, kan ook worden toegepast op het probleem van het kerkelijk debat: als we binnen de kerk twisten, moeten we waarschijnlijk "redelijke" mensen hebben om de broeders te beoordelen. En in sommige gevallen kunnen de broeders en zusters zich ermee verzoenen.

Hoe kunnen we een duidelijk moreel oordeel geven over een mening of handeling zonder in de zonde van de veroordeling te vervallen?

Ook in dergelijke situaties moeten wij ons laten leiden door het woord Gods en ons beroepen op de geboden van het Evangelie. Als de Heer bijvoorbeeld uitdrukkelijk zegt dat moord zonde is, dan is het zonde. Zonden die in de Schrift uitdrukkelijk zonden worden genoemd, zullen dat altijd blijven. Er valt hier gewoon niets te bespreken. De moderne tolerante maatschappij kan zonde vrijheid noemen, of er andere verheven woorden aan geven, maar zonde blijft zonde en dat moeten we erkennen. Maar volgens de woorden van de monnik Abba Dorotheus is het heel belangrijk dat elke christen nuchter is en, wanneer hij iets over iemand zegt, niet zijn leven veroordeelt, maar alleen zijn daad. Het is één ding als we zeggen dat de persoon in de zonde van ontucht is gevallen, het is iets heel anders als we zeggen dat de persoon een ontuchtpleger is. In het eerste geval veroordeelden we zijn daad in het bijzonder, in het tweede geval zijn gehele leven. Maar niemand weet waarom de man in deze zonde viel! Ja, hij deed verkeerd, maar het is geen toeval dat de Heer tegen degenen die de overspelige vrouw veroordeelden, zegt: "Wie van u zonder zonde is, werpe de eerste steen tegen haar" (Johannes 8:7).

Ja, natuurlijk moeten we een duidelijke morele beoordeling van bepaalde gebeurtenissen geven, maar we moeten dat zorgvuldig doen om de berouwvolle zondaar niet te ontmoedigen, maar hem de hoop op berouw te geven. Elke priester weet dat wanneer mensen komen biechten, vooral voor de eerste keer, ze heel verschillende geestelijke houdingen hebben. Men begint letterlijk te veranderen door een 'aanraking'. De andere is zo hard als adamantium. Wat je hem ook vertelt, alles kaatst van hem af, alsof zijn ziel van steen is. En voor elk van deze mensen moet je een aanpak vinden. Iemand heeft een strenge berisping nodig, misschien moet hij zelfs boete doen. En sommige mensen hebben steun en troost nodig.

Ja, de Kerk heeft de macht om een moreel oordeel te vellen over het leven in de samenleving, hoewel de samenleving daar niet erg van houdt. Kijk, alle schandalen die het internet en de media op een of andere wijze in beroering brengen, komen neer op de vraag: wie bent u en waarom veroordeelt u ons? In allerlei antikerkelijke uitspraken zit één gedachte: we hebben het recht te leven zoals we willen. De Kerk antwoordt: "Ja, natuurlijk heb je het recht. Maar het is één ding om een privéleven te leiden en iets heel anders wanneer een duidelijk door God veroordeelde zondige daad in de openbaarheid wordt gebracht en een voorbeeld wordt voor navolging, een verleiding voor de jongere generatie." Hier kan de Kerk niet zwijgen. Zij moet haar stem verheffen en zich uitspreken over de maatschappelijke ondeugden die gecorrigeerd moeten worden. Natuurlijk oordeelt de Kerk niet over deze specifieke mensen en niemand beweert dat wijzelf - orthodoxe christenen - zonder zonde zijn. Maar dit betekent niet dat we het onderscheid tussen goed en kwaad moeten vergeten.

Nu is het, zoals altijd, erg in de mode om kritiek te hebben op het gezag en de machthebbers. Maar er is geen gezag dat niet van God is (Romeinen 13:1). Mag een orthodox-christen de regering op enigerlei wijze bekritiseren? Kan hij politieke oppositie voeren, bijvoorbeeld lid zijn van een oppositiepartij?

Je hebt gelijk, in Rusland is het gebruikelijk om de autoriteiten te bekritiseren. Zoals Poesjkin schreef in zijn werk *Boris Godoenov*: "Levende macht is hatelijk voor het gepeupel, ze kunnen alleen van de doden houden." Onze samenleving valt uiteen in uitersten: ofwel zij aanbidt de macht en maakt van de communicatie tussen samenleving en macht een cultus, ofwel zij behandelt de macht met minachting, met een veroordeling, die misschien nergens op gebaseerd is. Als je iemand vraagt: "Waarom haat je macht?", dan zult u het antwoord horen dat alle ambtenaren dieven, bedriegers en schurken zijn. Een dergelijke aanpak is fundamenteel verkeerd. Ik ken persoonlijk veel mensen met macht die werken en proberen onze samenleving ten goede te veranderen. Bij macht, zoals bij elke andere activiteit, hangt alles niet af van iemands positie, maar van zijn innerlijke toestand, zijn hart en zijn ziel. Iemand die niet onverschillig is en het algemeen welzijn nastreeft, kan een gelegenheid vinden om nuttig te zijn voor de maatschappij, zowel als lid van de rangorde als met een zekere macht en invloed.

Kan een orthodox-christen oppositie voeren? Ja, natuurlijk, we leven in een vrije staat, dus iedereen heeft het volste recht om anders te denken dan bijvoorbeeld zijn buurman of zijn meerdere. Kritiek op de leiding is helemaal niet verboden, maar onze kritiek moet constructief zijn. Als we ontevreden zijn over een bepaalde stand van zaken, moeten we een alternatief bieden. Helaas zien we vaak de tegenovergestelde situatie. Politici van de oppositie hebben bijvoorbeeld eindeloos kritiek op de autoriteiten, maar bieden niets ter alternatief.

Wij moeten een ongenuanceerde veroordeling vermijden en de zaak volgen die ons is toevertrouwd. Het gebeurt echter vaak dat de meest veroordelende persoon zelf niets goed kan doen. En de zaak waarvoor hij persoonlijk verantwoordelijk is, is nog verwarder dan het gebied dat hij bekritiseert.

Kan een orthodox-christen deelnemen aan protestacties, protestpetities ondertekenen en bijeenkomsten bijwonen?

De Orthodoxe Kerk verbiedt iemand niet om een actief openbaar leven te leiden, politiek te bedrijven of zaken te doen. Het belangrijkste criterium voor ons zou het geweten moeten zijn. Er zijn moeilijke situaties in ons leven waarin we moeilijke beslissingen moeten nemen. Maar we moeten niet, bij het zien van een soort sociale onrust, automatisch de kant van de demonstranten kiezen, zoals vaak gebeurt bij bijeenkomsten. We moeten nadenken en ons afvragen of de waarheid wellicht ergens in het midden ligt?

Laten we onze recente geschiedenis in herinnering brengen, het begin van de XX eeuw, toen men, zoals een beroemd gezegde luidt, zich op de tsaar richtte en Rusland trof. Een soortgelijke situatie deed zich eind jaren tachtig voor. Ja, inderdaad, toen waren er grote problemen in de staat, ook met de leiding. Velen waren het niet alleen oneens met de doctrine van de communistische partij, die toen aan de macht was, maar beseften ook dat het misdadig was, dat er het bloed van onschuldigen aan kleefde!

Kun je je voorstellen hoeveel mensen er door onderdrukking en kampen zijn gegaan? Hoeveel hun leven gaven tijdens de Burgeroorlog? Deze offers kunnen niet als juist worden aanvaard, men kan niet aanvaarden dat ze gerechtvaardigd en noodzakelijk waren, zoals de 'zangers' van de Sovjet-renaissance en het 'orthodox-stalinisme' vandaag de dag beweren. Deze beweringen zijn zowel belachelijk als absurd.

En toch, wat we kregen als resultaat van de val van het communistische regime - ineenstorting en chaos in de samenleving en de tijdsgeest - is duidelijk niet wat de strijders tegen het communisme hadden gehoopt. Helaas is ons land er niet in geslaagd de hervormingen soepel en consequent door te voeren. En we zouden er goed aan doen te leren van de fouten uit het verleden en niet eigenhandig de orde in het land te verpesten.

Je kunt het oneens zijn, je kunt deze of geen petitie tekenen, maar voordat je deelneemt aan een protestactie, moet je goed nadenken en ervoor zorgen dat je bidt en misschien een paar deskundige mensen vragen of het de moeite waard is om het te doen.

De wereld is een listige plek. Vaak verklaren protesten niet wat hun organisatoren werkelijk willen. In deze draaikolk van passies en ambities is het heel gemakkelijk om zelf een onderhandelingstroef of zelfs kanonnenvoer te worden.

Veel tegenstanders zeggen in wezen de juiste dingen over de bestrijding van corruptie, maar bieden een methode om die aan te pakken aan die, zoals men vanuit de geschiedenis kennende en gemakkelijk kan raden, tot ergere gevolgen kan leiden.

Tegenwoordig worden we vaak geconfronteerd met harde kritiek op de Kerk, zowel in de media als in persoonlijke communicatie. Wat moeten we in zo'n situatie doen: zwijgen om het conflict niet te verergeren of reageren op de kritiek?

Ik denk dat we eerst zorgvuldig moeten kijken naar de specifieke situatie die aanleiding heeft gegeven tot de kritiek. Bijvoorbeeld, iemand zegt dat alle priesters oneerlijke mensen zijn. Hoe moeten wij op dergelijke kritiek reageren? Het is noodzakelijk om uit te zoeken om welke priester het gaat en hoe hij uw tegenstander precies ontstemd heeft.

Ze zeggen bijvoorbeeld: waarom rijden jullie allemaal in buitenlandse auto's, hoe komt de Kerk aan zoveel geld? Nogmaals, welke specifieke priesters zijn dat? In mijn bisdom rijdt bijvoorbeeld geen enkele priester in een dure buitenlandse auto en ik kan geen van hen beschuldigen van onreinheid, omdat de meesten van hen zeer arm leven en hun ambt onbaatzuchtig en oprecht uitoefenen. Maar interessant genoeg wekken de goede voorbeelden (waarvan er veel meer zijn dan slechte) geen bewondering en geen verlangen naar navolging bij onze tegenstanders. En dit toont de vooringenomenheid en oneerlijkheid van zulke critici.

Maar als de aanklager van de tekortkomingen van de Kerk een concreet voorbeeld geeft, kan men het tot op zekere hoogte met hem eens zijn.

Soms is het echt beter te zwijgen en te bidden voor iemand die een ongezonde ijver aan de dag legt bij het aanklagen van niet-bestaande ondeugden. Zo iemand moet oprecht medelijden hebben, want zijn ziel bevindt zich in een helse afgrond.

En men moet altijd onthouden dat een discussie alleen mogelijk is wanneer twee mensen niet alleen bereid zijn te praten maar ook naar elkaar te luisteren. Anders is het argument zinloos.

Tijdschrift *Orthodoxie en Moderniteit* nr. 35 (51)
Bisschop Pakhomii (Bruskov) van Pokrovsk en Sint Nicolaas
24 december 2015

Heiligen over geschillen

Probeer duistere en verwarde zaken niet op te lossen door argumenten, maar door de geestelijke wet die ook gebiedt - door geduld, gebed en onwankelbare hoop.

Mark de Zwerver

Wees niet twistziek, anders wordt u een woonplaats voor het kwaad.

Abba Isaiah (van Skete)

Als het doel van het beslissen over een moeilijke zaak is om datgene te zoeken wat met God overeenstemt, zul je zeker een bruikbare oplossing vinden.

Mark de Zwerver

Laat de zaak niet gebeuren zoals u het wenst, maar laat het gebeuren zoals het is en zoals de noodzaak dicteert, in plaats van u door uw inspanningen of zelfrechtvaardiging, hoe onschuldig ook, in verwarring te brengen of aanstoot te geven en daardoor veel te verliezen aan een beetje. Vaak is het zo dat men beide verliest en helemaal niets doet.

Abba Dorotheus

Meer over het meisje dat naar je toe komt. Houdt u in de omgang met haar vast aan de geleerde raad van de heilige vaders: geef de drenkeling geen arm, maar alleen een stok; als u hem met uw kracht uit de diepte kunt trekken, prima, maar als uw kracht ontbreekt, laat dan uw stok in zijn handen en red uzelf van de verdrinkingsdood. Let op wat er gezegd wordt. Als u gefrustreerd bent door uw gesprek met haar, blijf dan zoveel mogelijk uit haar buurt en onthoudt u in ieder geval van discutabele gesprekken. Wie de woorden van de Heilige Schrift niet wil horen, kan niet met argumenten worden overtuigd, maar hij kan alleen zichzelf beschadigen en van zijn stuk brengen. De apostel zegt: "Maar als iemand op twist uit lijkt te zijn, wij hebben een dergelijke gewoonte niet, en de gemeenten van God evenmin." (1 Kor. 11:16).

Amvrosy of Optin (Grenkov)

Met een argumentatief karakter kan men nauwelijks verwachten van enig nut te zijn. Niets is erger en schadelijker in het geestelijk leven dan onenigheid. Soms zakt het een tijdje weg, maar dan verschijnt het weer in zijn oude kracht.

Amvrosiy Optinsky (Grenkov)

Het is niet nodig om te betwisten, want soms komt door betwisting groot ongeluk. Er wordt gezegd: "God maakt groot wie zich nederig aan anderen overgeeft en God verheft de nederigen, maar God vernedert de hoogmoedigen en de twistzieken. Je moet alleen jezelf verwijten, niet je naaste zijn tekortkomingen.

Joseph van Ottin (Litovkin)

Ga niet in discussie met gevaarlijke mensen, maar geef liever toe als het de deugd niet schaadt en hun kwaadaardigheid zal spoedig tot niets leiden.

Isidore van Pelusiot

Maak geen ruzie met hen die zich tegen de waarheid verzetten, die zich niet gewillig aan u onderwerpen, opdat gij geen haat in hen opwekt volgens de Schrift.

Mark de Zwerver

Het ontkrachten van de sterkste bewijzen legt samen de zwakte van anderen bloot en zo gebeurt het in de oorlog dat de overwinnaars van het sterkste deel geen aandacht meer schenken aan de rest wanneer het sterkste deel van het leger ten val komt.

Gregorius van Nyssa

Alles wat God haat, bevindt zich in de ziel van een man die twistziek en trots is.

Abba Isaiah (Skete)

Wie door deze hartstocht, door betwisting, geknecht wordt, wil zijn kruis niet dragen, maar wordt meegesleept door ijdelheid.

Abba Isaiah (Skete)

Wij (vooral monniken) moeten ons meer bezighouden met praktische kennis en ons distantiëren van controversiële onderwerpen, meer nog van geschillen, indachtig het woord van de apostel, dat zij leiden tot het verderf van zielen (2 Tim. 2:14). Heilige Isaac de Syriër leert dat wij monniken niet iemand ons geloof moeten opleggen.

Macarius van Optin (Ivanov)

Wie discussieert met een loze prater lijkt daar meestal zelf op.

Basilius de Grote

Het is beter om eerlijk verslagen te worden, dan met het toebrengen van schade en onrechtmatigheid te zegevieren.

Gregorius de Theoloog

Ook wij, als navolgers van Christus, kunnen soms een halt toeroepen aan nieuwsgierigen en hun ongepaste vragen beantwoorden met nog ongepastere vragen.

Gregorius de Theoloog

Er mag geen grofheid in het gesprek zijn, want mensen van wijsheid zijn gewoonlijk charmanter in hun bescheidenheid en kuisheid dan maagden.

Antonius de Grote

Buitensporig getier en grote gretigheid om over onnodige zaken te redetwisten, veroorzaken ruzie en brengen de geesten van de toehoorders in verwarring.

Cyrillus van Alexandrië

Wees inschikkelijk tegenover elkaar en begin geen ruzies over zaken waar niemand iets aan heeft.

Efraïm de Syriër

Wanneer gij een man ontmoet die, dol op twist, met u de strijd aangaat tegen waarheid en werkelijkheid, wendt u zich dan, na het twistgesprek te hebben gestaakt, van hem af, die versteend van zijn geest is. Want zoals slecht water de beste wijn nutteloos maakt, zo corrumpeert kwaadsprekerij de deugdzamen in leven en karakter.

Antonius de Grote

...Span u niet in, dring niet aan en ga niet in discussie wanneer u van plan bent iets te bewijzen, want velen met zo'n houding zullen, als ze goed willen spreken, weigeren te spreken. Integendeel, met voorzichtigheid, zachtmoedigheid en het stellen van vragen geef je meer kracht aan het bewijs. Hierdoor zul je bekendstaan als een zachtaardig man.

Isidore van Pelusiot

Hoe beschamend is het om verslagen te worden, in wat een overwinning op zichzelf moet worden toegegeven, is het nog beschamender om verslagen te blijven in wat gewonnen moet worden. Want niet elke overwinning is een goede zaak, maar als de pretentie goed en nobel is, is zij goed; maar als de pretentie goddeloos en slecht is, is de overwinning zeer slecht.

Isidore van Pelusiot

Maak geen ruzie met elkaar over wat dan ook.

Abba Isaiah (van Skete)

Kleine zaken wakkeren vaak grote oorlogen aan, dus ik raad u aan geen ruzie te veroorzaken. Aangewakkerd door geschillen in de ziel van degenen die het oneens zijn, vernietigen ze alles wat mooi is.

Isidore van Pelusiot

Wees niet zo bezorgd om de winnaar te zijn. Het is beter te winnen met voordeel dan te winnen met schade. En onder worstelaars is degene die verslagen wordt niet altijd degene die onderaan staat, maar vaak degene die bovenaan blijft staan.

Gregorius de Theoloog

Houd niet van twist, opdat er geen leugenachtigheid in u komt.

Abba Isaiah (van Skete)

Het is beter verstandig te zijn in bescheidenheid, dan onwetend en onbeschaamd.

Gregorius de Theoloog

Niet hij die overwint door de zwakheid van zijn tegenstanders, maar hij die door de grootheid van zijn eigen kracht de sterken overwint, is zowel glorieus als lovenswaardig.

Isidore Pelusiotus

Wie een oude en vaststaande mening, die een sterk bevooroordeeld persoon als goed zou erkennen, aan het wankelen wil brengen en wil weerleggen, omdat zijn bedoeling zeer vreemd is en niet zonder voorafgaande uitleg kan worden aanvaard, moet niet plotseling het tegendeel beweren. Hij zal zich belachelijk maken en hij zal worden beschimpt door degenen die vooringenomen zijn door het tegenovergestelde besluit. Integendeel, nadat hij eerst de mening van vele anderen heeft ondermijnd, zou hij zich tot het tegenovergestelde moeten wenden. In dat geval zal zijn woord worden aanvaard en zal hij worden overtuigd.

Isidore van Pelusiot

Controverse vernietigt het hele bouwwerk van de deugd en doordrenkt de ziel met zo'n instelling dat zij het licht van de eerlijkheid niet kan zien.

Abba Isaiah (van Skete)

DE HEILIGE SCHRIFT OVER OORLOG EN MILITAIRE DIENST

De Heilige Schrift is de eerste en voornaamste bron van de leer van de Orthodoxe Kerk. Daarom is het voor hen die geïnteresseerd zijn in vragen over de houding van de christen tegenover oorlog en militaire dienst vanzelfsprekend zich te wenden tot het Woord Gods.

Wij zijn ervan overtuigd dat zowel de Heilige Schrift als de heilige vaders van de Kerk uitputtend antwoord geven op fundamentele vragen in verband met de geestelijke problemen van het moderne leger, en deze antwoorden kunnen als leidraad dienen voor orthodoxen die op de een of andere manier met militaire dienst verbonden zijn.

Het is bijzonder belangrijk om in gedachten te houden wat de Heilige Schrift zegt over militaire dienst, vooral in onze tijd waarin de opvattingen zich in de samenleving verspreiden over het idee dat het voor christenen verboden is deel te nemen aan oorlog en dienst te nemen in het leger of zelfs de wapens op te nemen. Tegelijkertijd worden pogingen ondernomen om dergelijke opvattingen te rechtvaardigen met verwijzingen naar de Bijbel.

Laten wij nagaan wat de Schrift zegt over oorlog en militaire dienst, uitgaande van de uitleg die de heilige vaders aan de teksten van de Schrift hebben gegeven.

Over de oorlog

Toen zei Jezus tot hem: "Leg uw zwaard terug op zijn plaats, want allen die het zwaard opnemen, zullen door het zwaard omkomen" (Matteüs 26:52).

Dit citaat wordt het vaakst aangehaald ter ondersteuning van het idee dat christenen niet in het leger mogen dienen en in oorlogen mogen vechten. Hoewel er geen sprake is van oorlog en de Verlosser zich niet richt tot een soldaat, maar tot een burger (zoals wij nu zouden zeggen), wat apostel Petrus ook was, kunnen de woorden over "allen die het zwaard opnemen" met een zeker begrip op alle krijgers worden toegepast. Maar is dit hoe de heilige vaders het begrepen?

Hier, dat lezen wij bij de H. Johannes Chrysostomus: "Zo heeft Hij de leerlingen om twee redenen tot rust willen brengen: ten eerste door te dreigen met straf voor hen die een aanval beginnen: want allen die een zwaard hebben genomen, zullen door een zwaard omkomen; en ten tweede, dat Hij het vrijwillig ondergaat." Zoals we kunnen zien, volgens de gedachte van de heilige vader, verwijzen deze woorden naar hen die het bloedvergieten beginnen en dus niet naar hen die gedwongen worden zichzelf te verdedigen.

Als we deze zin letterlijk opvatten, komen we op het punt dat we hem verwerpen, want het is bekend dat niet iedereen die een wapen oppakt, door een wapen sterft. Daarom is het belangrijk te weten door welk zwaard, zoals de Hiëronymus het uitlegt, de initiator van de aanval zal omkomen – "dat zwaard van vuur, dat voor het paradijs wordt getrokken (Genesis 3:24) en het geestelijke zwaard, dat onder de gehele wapenuitrusting van God wordt beschreven (Efeziërs 6:11-17)."

De eerbiedwaardige Theodore Studit schrijft: "Het is niet eigen aan de Kerk van God om zich te wreken door geseling, verbanning en gevangenneming. Want de wet van de Kerk bedreigt niemand met een mes, een zwaard of een gesel. Want, zegt de Schrift, allen die het zwaard opnemen, zullen door het zwaard omkomen (Matteüs 26:52). Maar omdat al deze middelen toch zijn aangewend, is als uit het diepste van de hel een zuil van het kwaad uitgebarsten - deze christologische ketterij, die alles vernietigt." Dat wil zeggen, de H. Theodore meent dat deze woorden geen betrekking hebben op de mensen in het algemeen, maar op de Kerk en haar bisschoppen, die de opvolgers zijn van de apostelen, die van Christus het gebod van het zwaard hebben gehoord. Daarom kan de Kerk ketters niet vervolgen door middel van lijfstraffen en lichamelijke executies. Dit is een zonde. En daar er niet lang voor die tijd een val in deze zonde was geweest ten opzichte van de ketters-pravlicianen, was er in de Kerk, in de gedachte van de heilige, als straf een schisma veroorzaakt over het vierde huwelijk van de keizer, wat onder andere leidde tot een vervolging van de orthodoxen.

Het is ook de moeite waard de woorden van de zalige Theophylact van Bulgarije aan te halen: "Petrus was degene die het zwaard trok, zoals Johannes zegt (Johannes 18:10). En hij had het zwaard bij zich, daar hij juist tevoren het lam had geslacht, dat bij het avondmaal werd gegeten. Wij veroordelen Petrus niet, want hij deed het uit liefde, niet voor zichzelf, maar voor de Meester. Maar de Heer, die hem traint voor het evangelieleven, draagt hem op het zwaard niet te gebruiken."

Hoewel de heilige vaders in hun interpretaties het grijpen naar de wapens en het uitbreken van bloedvergieten afkeuren - wat niet meer dan normaal is - heeft niemand van hen deze woorden opgevat als een verbod op militaire dienst voor christenen in het algemeen. Een dergelijke interpretatie wordt alleen gevonden bij Tertullianus, maar hij was niet alleen geen heilige, hij was in feite een ketter. En dat een opvatting als de zijne niet eigen was aan de vroege Kerk, volgt uit aanwijzingen van vrome christelijke strijders die vóór Tertullianus onder keizer Marcus Aurelius beroemd waren geworden.

Tegen de vertegenwoordigers van het protestantse gedachtegoed, die erop staan de hierboven geciteerde woorden van het Matteüs-evangelie zo te verstaan en het gezag van de vaders niet erkennen, kunnen wij het volgende inbrengen: als zij de woorden "Allen die het zwaard opnemen, zullen door het zwaard omkomen" letterlijk verstaan, laten zij dan ook de woorden van de Verlosser letterlijk verstaan: "Veronderstelt niet dat Ik gekomen ben om vrede op aarde te brengen; Ik ben niet gekomen om vrede te brengen, maar een zwaard" (Matteüs. 10:34). en vooral het volgende fragment van het Evangelie: "Hij zei dan tot hen: maar nu, wie een buidel heeft, die neme hem, desgelijks ook een male; en die er geen heeft, die verkoopt zijn kleed en koopt een zwaard ... En zij zeiden: Heer! Zie hier twee zwaarden. En Hij zei tot hen: Het is genoeg" (Lukas 22: 36, 38). En als protestanten weigeren deze woorden letterlijk te verstaan, maar er de voorkeur aan geven de gegeven fragmenten geestelijk te interpreteren, dan is het logisch om de woorden die tot apostel Petrus werden gezegd ook geestelijk te verstaan.

Soms probeert men de pacifistische doctrine te rechtvaardigen door te verwijzen naar het gebod "Gij zult niet doden" (Exodus 20:13). A. Baidukov schreef hierover goed: "Oorlog als nooit en te nimmer onaanvaardbaar beschouwen onder verwijzing naar het gebod 'Gij zult niet doden', is onmogelijk, daar zulk een ontkenning in strijd zou zijn met de Heilige Schrift. God gaf Mozes niet alleen het gebod 'Gij zult niet doden', hij gaf hem ook instructies voor hoe hij oorlog moest voeren om zijn vijanden te verslaan (Exodus 21:22). Vaak gaf God zelf de Israëlieten de opdracht oorlogen te beginnen tegen andere volken (1 Sam. 15: 3; Nab. 4: 13) en God legde ook de doodstraf op voor vele misdaden (Ex. 21: 12, 15; Lev. 20: 11, enz.).

In de oudheid voerde het uitverkoren volk van God regelmatig oorlogen met de buurvolken. Onder de wet van Mozes moest iedere Israëliet, behalve de Levieten, wapens dragen (Numeri 1:3; 2:33; 26:2). De Heilige Schrift bevat vele verzen waarin staat dat de Heer zelf de militaire dienst zegende, de profeet Mozes leerde welke militaire formaties er in het volk Israël moesten zijn, hoe ze moesten worden ingezet en door wie ze moesten worden bestuurd.

"In het Oude Testament vinden we veel instructies over hoe oorlog te voeren (Richteren 3:2), hoe ten strijde te trekken (Numeri 10:9) en wat te doen na de oorlog (Numeri 3:19; Deuteronomium 31:19). Oorlog was een noodzaak voor de Joden omdat de door hen omringende heidense volkeren voortdurend oorlog voerden met hun buren. De mogelijkheid om vreedzaam samen te leven met afgodische en diep verdorven volken was bovendien een groot gevaar voor de Joden. Daarom worden dergelijke oorlogen in de Schrift de oorlogen des Heren genoemd (1 Koningen 17: 47; 2 Kronieken 20:15) omdat zij in zedelijk opzicht veel minder slecht waren dan opruiing tot afgoderij. Daarom gebood God Zijn volk: "Neem wraak op de Midjanieten voor de kinderen van Israël en daarna zult gij tot uw volk terugtrekken" (Num. 31:2); "Maar van de steden dezer volken, die u de Heer, uw God, ten erve geeft, zult gij niets laten leven dat adem heeft. Maar gij zult ze ganselijk verbannen: de Hethieten, de Amorieten, de Kanaänieten, de Ferezieten, de Hevieten en de Jebusieten, gelijk als u de Heer, uw God, geboden heeft" (Deuteronomium 20:16-17); "En de Heer zond u op uw weg, zeggende: 'Ga heen en vervloek de goddeloze Amalekieten en strijd tegen hen totdat u hen vernietigd hebt'" (1 Koningen 15:18).

"Er is een tijd om lief te hebben en een tijd om te haten, een tijd om oorlog te voeren en een tijd om vrede te sluiten" (Prediker 3:8). Deze uitdrukking lijkt een duidelijke plaats te geven aan oorlog in de context van onze gevallen wereld.

Maar als we kijken naar de interpretaties van de heilige vaders, zien we dat de heilige Gregorius van Nyssa deze plaats interpreteert als een verwijzing naar geestelijke oorlogvoering die iedere gelovige moet voeren tegen hartstochten en zonden: "Als wij de goedheid van liefde en haat hebben begrepen, laten wij dan de een liefhebben en de ander bestrijden. Want Prediker zegt: "Een tijd voor oorlog en een tijd voor vrede" (Prediker 3:8). U ziet de horde van verzettende hartstochten ... Kijk naar de verschillende voorbereidingen voor de strijd, hoe het verzettende leger op duizend plaatsen dreigt uw stad aan te vallen, spionnen stuurt, verraders aantrekt, voorposten en hinderlagen regelt, voorwaarden van bijstand stelt, oorlogswapens klaarmaakt, slingers, kanonniers, ruiters, en al dit soort krachten werken u tegen. U weet natuurlijk niet wat er gezegd wordt, u weet wie een verrader is, wie een spion is, wie een hinderlaag is, wie een musketier is, wie een schutter is en wie een ruitercompagnie is. Met dit alles in gedachten moeten wij ons bewapenen, onze bondgenoten oproepen, de mensen onder ons bevel verkennen, zien of iemand de vijand helpt, onderweg hinderlagen leggen, ons met schilden beschermen tegen aanvallen, ons indekken tegen het handgevecht en de naderingsroute van de cavalerie naar ons uitgraven. En sommige dienen de muren van vestingwerken te verstevigen, zodat deze niet door kanonnen geschud worden ... Maar om dit inzicht te verduidelijken, zeg ik aan u: dit is de eerste toelating van de verleiding, die de oorsprong van de hartstocht is. Dit is de spion van onze krachten! Zo is ons een aanblik voorgehouden die lust in ons kan opwekken. Hiermee test de vijand uw kracht, of die sterk is en klaar is om in opstand te komen, of zwak en klaar is om zich over te geven. Want indien gij geen gebogen uiterlijk op u hebt genomen, en het verstandsvermogen in u niet is verdreven door wat gij hebt gezien, maar nederig de ontmoeting verdraagt, doet gij de spion terstond schrikken, door hem te tonen over wat voor een compagnie van met speren gewapende krijgers, dat wil zeggen de schutterij van gedachten, u beschikt ... Wij zullen ook in staat zijn deze menigte van slingers, schutters en lansiers te verkennen; want overtreders, mensen die prikkelbaar en kwaadwillig zijn en zelf aanstoot geven, in plaats van pijlen of stenen, schieten en vegen met sarcastische woorden en passeren zonder wapenrusting en slaan achteloos in het hart ... Als wij dus de vijandige horde begrepen hebben, dan is het tijd om te dirigeren en te vechten."

De Heer Jezus Christus zelf heeft gewaarschuwd dat de gehele tijd van het aardse bestaan van de mensheid gepaard zal gaan met oorlogen: "Ook hoort men van oorlogen en geruchten van oorlogen. Ziet toe, weest niet ontsteld, want al deze dingen moeten geschieden, maar het einde is nog niet gekomen" (Matteüs 24:6).

De heilige Johannes Chrysostomus schrijft dat "hij spreekt over die oorlogen, die in Jeruzalem moesten zijn", dat wil zeggen dat hiermee Romeinse veldtochten in Judea in de eerste eeuw voor de pacificatie van de opstandige Joden worden bedoeld. Andere vaders meenden echter dat het mogelijk was deze woorden in verband te brengen met gebeurtenissen aan de vooravond van het einde van de wereld. Zo schrijft de heilige Theofilact van Bulgarije: "Zoals degene die baart eerst pijn lijdt en dan baart, zo zal dit tijdperk het toekomstige tijdperk pas baren na onrust en oorlogen."

De uitleg van deze woorden, gegeven door de monnik Justin (Popovich), verdient bijzondere aandacht: "Zondigheid en boosaardigheid en daardoor eigenliefde, veroorzaken oorlogen tussen mensen, tussen naties en tussen koninkrijken. Vanwaar komt gij vijandschap en twist, is het niet van daar, van uw begeerten, die in uw leden strijden? (Jakobus 4:1) Woedend op Christus, op het Evangelie van Christus, op de Kerk van Christus, op het volk van Christus, zal de zonde aan het einde van de wereld de hevigste oorlogen tussen mensen en naties gebruiken om Christus en zijn zwakheid te schande te maken. En de mensen van weinig geloof zullen vragen: hoe kan dan Christus God, wanneer Zijn leer niet kan zegevieren over de wereld, oorlogen uitbannen, opdat er vrede zal heersen onder de mensen en de volkeren? De angsten en verschrikkingen van oorlogen zullen, volgens de dialectiek van de regisseur van oorlogen, door Christus-volgelingen worden gebruikt als bewijs van de zwakheid van Christus en het christendom. Dit zal velen in verleiding brengen. De Heiland waarschuwt Zijn volgelingen hiervoor: ziet toe dat gij niet ontmoedigd wordt, want alle dingen moeten geschieden. Moeten? Ja, want het kwaad vermenigvuldigt zich onder de mensen en woedend zal het zich openbaren door kannibalistische oorlogen ... De Zaligmaker spreekt over oorlogen als iets wat Zijn volgelingen niet zullen veroorzaken, maar waarvan zij het slachtoffer zullen worden. Zij mogen geen oorlogen veroorzaken; als oorlogen hen overkomen, moeten zij die bestrijden met hun Evangeliedeugden: geloof, gebed, geduld, zachtmoedigheid, barmhartigheid, liefde, vasten en de rest. Want op deze wijze wordt de oorlog tegen de oorlog, de zonde en de duivel gevoerd op de wijze van het Evangelie. *Onze strijd is niet tegen bloed en vlees, maar tegen de heersers, tegen de machtigen, tegen de heersers van de duisternis van deze tijd* (Ef. 6:12)."

Over beloften gesproken, in het Oude Testament staat de belofte van de komende overwinning van oorlogen: "Te dien tijde zal Ik voor hen een verbond sluiten met het gedierte des velds en met de vogels van de lucht en met het kruipend gedierte der aarde; en Ik zal de boog en het zwaard en de oorlog uit dat land verdelgen en hun veiligheid geven" (Hos. 2:18).

De heilige Hiëronymus van Stridon ziet dit als een aanwijzing voor de verzoening in Christus van de niet-Joodse en de Joodse bekeerlingen: "En na de verzoening van alle dingen zullen de boog, het zwaard en de oorlog vernietigd worden. Want er zullen geen wapens nodig zijn als er geen krijgers zijn. Israël zal met de heidenen verenigd worden en de woorden van Deuteronomium zullen in vervulling gaan: verblijden de volken zich met Zijn volk (Deuteronomium 32:43), dat wil zeggen in de Kerk waarin Hij de macht van bogen, schilden, zwaarden en oorlog gebroken heeft; en na het breken en uitroeien daarvan zullen de gelovigen veilig slapen en rusten bij één herder." De zalige Theodoritus van Cyrus paste deze belofte ook toe op de Kerk, maar meer op het leven van haar kinderen in de komende tijd als een van de goede dingen die komen gaan.

En de heilige Cyrillus van Alexandrië meende dat deze belofte vervuld was in de tijd van de christelijke kerk, maar hij vatte haar op als zijnde vervuld door de militaire dapperheid van de Romeinse legers: "Wanneer Ik, zegt de Heer, de namen van de afgoden van de aarde zal hebben weggeslagen, dan zal Ik vrede sluiten met alle woeste en barbaarse volken. Dan zullen de rampen, veroorzaakt door vijanden en oorlog, ophouden en zij zullen zonder vrees leven. Ik zal de wapens en het zwaard verbrijzelen, en we zien dat dit inderdaad is uitgekomen. Want toen de glorierijkste Romeinse bevelhebbers de heerschappij over allen hadden bereikt en de onderwereld hadden onderworpen (zoals God hun deze heerlijkheid op voorzienbare wijze had geschonken), toen konden de Perzen zich alleen nog maar om hun staat bekommeren en hielden ook de aanvallen van andere barbaarse volkeren op landen en steden op."

Als hoofdoorzaak van de oorlogen die tegen de gelovigen ontstaan, wijst de Heilige Schrift op vele plaatsen op hun grove overtredingen tegen God en hun verbreking van trouw aan Hem. Oorlog is een wraak op de mensen voor de zonden van de natie, het meest van al voor de zonde van afvalligheid.

Hier is hoe de heilige Devorah erover spreekt in haar lied: "Zij hebben nieuwe goden gekozen, daarom is er oorlog bij de poort" (Richteren 5:8), en hetzelfde wordt door de Heilige Geest verkondigd door Judith: "Toen zij afweken van de weg die Hij hun wilde wijzen, leden zij in vele oorlogen een zeer grote nederlaag, werden gevangengenomen in een vreemd land, de tempel van hun God werd verwoest en hun steden werden door de vijand ingenomen" (Judith 5:18).

En in het boek van de profeet Jesaja lezen we: "Zij wilden niet in Zijn wegen wandelen en gehoorzaamden Zijn wet niet. En Hij heeft over hen uitgestort het toornige van Zijn gramschap en het toornige van de oorlog; het omringde hen met vlammen van alle kanten, maar zij zagen het niet, en het brandde in hun harten, maar zij begrepen het niet" (Jesaja 42:24-25). De heilige Johannes Chrysostom zegt over deze regels: "Zie, God openbaart duidelijk dat Hij anderen opzettelijk straft, maar Hijzelf ondergaat van niemand kwelling."

God helpt de rechtvaardigen in oorlogen

Maar als gelovigen trouw zijn aan God en de vijand is tegen hen gekomen, dan helpt de Heer hen altijd om te winnen, ook al is de vijand vele malen in de meerderheid. Oorlog wordt dan een manier om de macht van God te tonen en om de Heer en het ware geloof te verheerlijken, zelfs tegenover vijanden die niet-christenen zijn.

Deze gedachte werd levendig uitgedrukt tijdens Davids twistgesprek met Goliath, toen, nadat de Filistijnse held de toekomstige koning van Israël had vervloekt in de naam van zijn goden, antwoordde David de Filistijn: "Jullie komen tegen mij met zwaard en speer en schild, maar ik kom tegen jullie in de naam van de Heer der Savaof, de God van de legers van Israël, die jullie hebben beledigd; nu zal de Here u in mijn hand overleveren en ik zal u doden, en uw hoofd van u afnemen, en de lijken van het leger der Filistijnen geven aan het gevogelte des hemels en aan het gedierte der aarde; en de ganse aarde zal weten dat er een God is in Israël; en dit ganse leger zal weten dat het niet met zwaard en speer is, dat de Here redt; want dit is de oorlog des Heren en Hij zal u in onze handen overleveren" (17:45-47).

En zo geschiedde, en koning David prees de Heer er achteraf voor: "Want Gij hebt mij met oorlogskracht omgord, en hebt hen die tegen mij in opstand komen onder mijn voeten gelegd" (Psalm 17:40).

En zo spreekt de profeet Zacharia over de godvruchtige strijders in een rechtvaardige oorlog: "En zij zullen zijn als helden die [vijanden] in de oorlog vertrappen als straatvuil en strijden omdat de Here met hen is, en zij zullen de ruiters te paard beschamen" (Zach. 10:5).

Een nederig besef van eigen kracht en bijdrage aan de overwinning wordt in de Schrift voorgesteld als het enige juiste voor de gelovige strijder, "want niet uit de menigte van het leger komt de overwinning in de oorlog, maar uit de hemel komt kracht" (1 Mac. 3: 19).

(1 Mac. 3:19) Wat in algemene zin wordt gezegd over het hele leger, geldt ook voor iedere soldaat afzonderlijk. God houdt Zijn getrouwen: "In tijden van hongersnood zal Hij u van de dood verlossen, en in oorlogen van de hand des zwaards" (Job 5:20).

Over militaire dienst

De protestanten die zeggen dat God christenen verbiedt deel te nemen aan een wettige oorlog of zelfs maar in het leger te dienen, kunnen geen antwoord geven op de vraag waarom niets in de Bijbel dit rechtstreeks en duidelijk zegt. Om hun ideeën te rechtvaardigen, moeten zij in hun eigen interpretatie Bijbelpassages aanpassen, terwijl deze passages zelf niets slechts zeggen over het militaire optreden.

Zo wordt in het Nieuwe Testament gezegd over de hoofdman die de Heer verzocht zijn knecht te genezen en die van de Verlosser de hoogste lof ontving: "Ik zeg u, dat ik in Israël zulk een geloof niet gevonden heb" (Lukas 7:9). Een ander voorbeeld wordt gegeven in de Schrift: "Een man, Cornelius genaamd, een centurio van het regiment dat Itali heette, vroom en God vrezende ... hij zag duidelijk in een visioen, omstreeks het negende uur van de dag, een engel Gods" (Handelingen 10:1-3). En tot de eerste en de tweede centurio spraken noch de Heer, noch de apostelen een woord tegen hun militaire dienst, noch beveelden zij hen die op te geven. Evenzo hoorden de soldaten aan die tot Johannes de Doper kwamen en vroegen: "Wat zullen wij doen?" in hun antwoord niet het bevel om te deserteren, maar een oproep om zich tijdens hun diensttijd te onthouden van zonde: "Beledig niemand, belaster niemand en wees tevreden met je loon" (Lucas 3:14). Theofylact schrijft dat de heilige Voorloper "de soldaten vermaant niet te stelen, maar zich tevreden te stellen met het eerbetoon, dat wil zeggen het loon dat de koning gewoonlijk geeft. Zie hoe Johannes het gewone volk, als de goddelozen, overhaalt om goed te doen, dat wil zeggen aan anderen te geven, en hij de tollenaars en soldaten overhaalt om zich van slechte dingen te onthouden. Want dezen waren nog niet bekwaam, konden niets goeds doen, maar het was hun genoeg het kwade niet te doen."

Tenslotte heeft de apostel Paulus, sprekende over geloofsuitingen, de rechtvaardige mannen van het Oude Testament opgesomd en hen uitdrukkelijk geprezen om hun militaire heldendaden: "En wat zal ik nog meer zeggen? Ik zal geen tijd hebben om te vertellen over Gideon, Barak, Simson en Jefta, David, Samuël en (andere) profeten die door het geloof koninkrijken overwonnen, gerechtigheid verrichtten, beloften verkregen ... machtig waren in de oorlog en vreemde legers verdreven" (Hebreeën 11:32-34).

De monnik Ephrem de Syriër geeft een gedetailleerde uiteenzetting van de gebeurtenissen waarop de apostel doelt: "Maar om niet alle geloofswerken van de rechtvaardigen uit het Oude Testament in detail op te sommen, wijst hij ze daarna in het kort aan. En wat meer, zegt hij, zal ik zeggen, want mij ontbreekt de tijd om te vertellen over Gideon, dat wil zeggen over het geloof van Gideon, die met driehonderd man tienduizend Midjanieten versloeg (Richteren 7:1, 7) en Barak, die door zijn geloof het leger van Sisar versloeg (Richteren 4:7) en Simson, die door zijn geloof duizend man doodde met de kaak van een ezel (Richteren 15:15, 15) en Jefta, die door zijn geloof 22 steden van de Ammonieten verwoestte (Richteren 11:33) en David, die door zijn geloof Goliath versloeg (1 Samuël 17: 4) en Samuël, die door zijn geloof de Filistijnen versloeg (1 Samuël 7:10) en andere profeten." Zo zien wij dat "in de ogen van de apostel militaire heldendaden geen zondige en God-onvriendelijke daden zijn, maar veeleer werken van geloof, in de vervulling waarvan de Heer zelf kracht heeft gegeven aan hen die op Hem vertrouwen en die hun overwinningen aan zijn naam opdragen."

De Schrift geeft op vele plaatsen instructies voor een generaal die op het punt staat oorlog te voeren: "De wijze man is sterk en de verstandige man versterkt zijn kracht. Voer daarom uw oorlog met overleg en succes door vele raadgevingen" (Spreuken 24:5-6); "Door raadgevingen worden de inspanningen gesterkt, en na raadgevingen wordt oorlog gevoerd" (Spreuken 20:18); "Raadpleeg niet ... degene die oorlog vreest" (Sirach 38:11).

De noodzaak voor de bevelhebber om toekomstige veldtochten weloverwogen te plannen, de voors en tegens af te wegen en te bespreken in de krijgsraad, wordt ook door de Heer genoemd, die het als voorbeeld neemt voor een gelijkenis: "Welke koning, die oorlog gaat voeren tegen een andere koning, gaat niet zitten en beraadslaagt tevoren of hij met tienduizend man tegen hem kan opkomen met twintigduizend man?" (Lukas 14: 31).

De heilige Gregorius de Evangelist zegt over dit gezegde: "De koning tegen de koning, gelijk tegen gelijk, trekt ten strijde en als hij echter weet dat hij geen weerstand kan bieden, zendt hij een gezantschap en vraagt om vrede. Met welke tranen moeten wij dan om genade smeken voor onszelf, die bij deze verschrikkelijke beproeving in het oordeel met onze koning zullen verschijnen, niet gelijken met gelijken, maar van wie zowel het fortuin als de zwakheid, en alles waar wij van afhankelijk zijn, inferieur zijn?"

Het probleem van de lage salarissen voor officieren en beroepsmilitairen wordt ook in de Schrift aan de orde gesteld, waar deze toestand ondubbelzinnig wordt veroordeeld: "Mijn hart is bedroefd over twee ... als een soldaat armoede verdraagt, worden wijze mannen verwaarloosd" (Sirach 27:24-25).

Apostel Paulus spreekt ook over de noodzaak van de staat om soldaten te ondersteunen: "Welke soldaat dient ooit op eigen kosten?" (1 Cor. 9:7).

Vanwege eigenschappen als standvastigheid en het weigeren van wereldse daden bij het eerste gebod, wordt de soldaat als beeld genomen van een christen: "Zo verdraagt het lijden als een goede soldaat van Jezus Christus" (2 Tim. 2: 3), "Geen soldaat bindt zich met wereldse daden om de commandant te behagen" (2 Tim. 2:4).

De Schrift spreekt ook over de geestelijke voorbereiding van rechtschapen soldaten voor de strijd. In de eerste plaats is het de juiste houding ten opzichte van God: "Indien een regiment tegen mij zal vallen, zo zal mijn hart niet bevreesd zijn; indien een oorlog over mij komt, zo zal ik hopen" (Psalm 26:3); "Zij hopen op wapens en op moed, maar wij hopen op de Almachtige God, die met één slag zowel hen die tegen ons komen als de gehele wereld ten val kan brengen" (2 Macc. 8:18). En ten tweede in intens gebed vóór de strijd: "En de schare werd verzameld om zich gereed te maken voor de oorlog en te bidden en te vragen om barmhartigheid en medelijden" (1 Mac. 3:44).

Er zijn enkele kwesties van geestelijke zuiverheid die bijzonder relevant zijn voor de troepen: de kwestie van kuisheid, zuiverheid van taal en gebed. "Gij zult geen overspel plegen", was het gebod dat de Heer aan Mozes gaf op de berg Sinaï. Toen de Joodse soldaten onder leiding van Mozes de heidense volken versloegen, besloten hun vijanden dat als de soldaten zondigden, de genade zou wegvallen, God de

Joden niet langer zou helpen en zij verslagen zouden kunnen worden. Dus stuurden ze corrupte vrouwen het leger in. De soldaten vielen met hen, de genade vertrok uit het leger der Joden en zij werden in deze strijd verslagen.

In verband met de zuiverheid van het lichaam moet worden gesproken over de zuiverheid van de taal. De kwestie van de zuiverheid van meningsuiting confronteert de strijders met zijn onflatteuze strengheid. Iedereen weet wat sterke soldatentaal is. Zelfs officieren uitten zich op weinig preutse wijze. De Schrift veroordeelt deze zonde: "De tong is een kleine haan, maar hij doet veel. Zie, een klein vuur hoeveel stof het doet ontbranden! En de tong is een vuur, een bedekking van ongerechtigheid; de tong ... verontreinigt het gehele lichaam en ontvlamt de kring van het leven, zelf ontvlamd door Gehenna ... Met haar zegenen wij God en de Vader, en met haar vervloeken wij de mensen die naar de gelijkenis van God geschapen zijn. Uit dezelfde mond komt zegen en vloek; dat mag niet zo zijn, mijn broeders", schrijft de heilige apostel Jacobus (Jacobus 3: 5-6, 9-10).

De Schrift leert barmhartigheid voor de verslagen en ontwapende vijand, en waarschuwt tegen gevoelens van bitterheid en leedvermaak: "Verheugt u niet als uw vijand valt, en laat uw hart zich niet verblijden als hij struikelt. Anders zal de Heer het zien en het zal Hem niet welgevallig zijn..." (Spreuken 24:17-18). Worstelend met de zonde, is het belangrijk om er geen deel van te worden, om niet te worden als het kwaad. Daarom schreef apostel Paulus: "Wreekt u niet, geliefden, maar geeft plaats aan de toorn van God ... Als uw vijand honger heeft, geeft hem dan te eten en als hij dorst heeft, geeft hem dan te drinken; als u dat doet, zult u kolen van vuur op zijn hoofd verzamelen. Laat u niet overwinnen door het kwade, maar overwin het kwade door het goede" (Romeinen 12:19-21). Met deze woorden wordt de noodzaak van een barmhartige behandeling van de gewonden en gevangenen onderbouwd.

Reeds in de oudtestamentische tijd wordt de deelname van priesters aan de oorlog veroordeeld: "In die tijd sneuvelden de priesters in de strijd, die beroemd wilden worden om hun dapperheid en roekeloos ten strijde trokken" (1 Macc. 5:67). In deze zin kan men ook een aanwijzing zien van een ijdele stemming vóór een veldslag als een die tot een nederlaag leidt.

Tot slot is het zinvol een ander gezegda aan te halen, hoewel dit meer van toepassing is op wetshandhavers dan op soldaten en officieren van het leger. Toch is het de moeite van het overwegen waard, vooral in de context van het onderwerp van de toelaatbaarheid van het gebruik van het 'zwaard', dat wil zeggen, wapens: "De chef is Gods dienaar, voor u ten goede. Maar indien gij kwaad doet, weest dan bevreesd, want hij draagt het zwaard niet tevergeefs; hij is Gods dienaar, een wreker ter bestraffing van hem die kwaad doet" (Rom. 13:4). Hieronder citeren wij uit de uitleg van de heilige vaders.

De Eerwaarde Efraïm de Syriër: "Want hij is de dienaar Gods, omdat door hem de wil van God geschiedt voor rechtvaardigen en goddelozen. Maar indien gij kwaad doet, weest dan bevreesd en doet het niet, want niet zonder doel is met een zwaard omgord."

Prelaat Johannes Chrysostomus: "Velen hebben aanvankelijk de deugd geleerd omwille van de leiders, en hebben zich er vervolgens aan gehouden uit vrees voor God. De toekomst in plaats van het heden handelt over mensen die onbeleefder zijn. Hij, die door middel van zowel vrees als eer de zielen van de mensen zo voorbereidt, dat zij in staat zijn het woord van de leer te begrijpen, wordt met recht Gods dienaar genoemd ... U moet gehoorzamen, zegt [de apostel], niet alleen omdat u zich, als u niet gehoorzaamt, tegen God verzet en u door God en de mensen grote ongelukken over u afroept, maar ook omdat het opperhoofd, als hoeder van de vrede en het burgerlijk welzijn, uw grootste weldoener is".

De zalige Theofylact: "Het is dus niet de heerser die ons angst inboezemt, maar onze ondeugden, waardoor ook het zwaard van de heerser, dat wil zeggen de macht om te straffen, wordt voortgebracht. Het opperhoofd, zegt hij, omgordt zich niet tevergeefs met het zwaard, maar om de goddelozen te straffen."

Samenvattend herhalen wij nogmaals: pogingen om te bewijzen dat de Bijbel oorlogsdienst in principe veroordeelt en voor gelovigen verbiedt, zijn ongegrond; zij berusten op willekeurige en vergezochte interpretaties van sommige Schriftregels, terwijl andere volledig worden genegeerd.

De Heer Jezus Christus waarschuwde dat het hele aardse bestaan van de mensheid gepaard zou gaan met oorlogen.

Als hoofdoorzaak van oorlogen die tegen gelovigen ontstaan, verwijst de Schrift op vele plaatsen naar hun grievende overtredingen tegen God en verbreking van trouw aan Hem. Maar als gelovigen trouw zijn aan God en hun vijanden zijn tegen hen gekomen, dan helpt de Heer hen altijd om te winnen, en zo'n oorlog wordt een manier om de macht van God te tonen en de Heer en het ware geloof te verheerlijken. Daarom waren er in het Oude Testament vele oorlogen, waarvan sommige werden gevoerd op bevel van God en door de rechtvaardige heiligen.

Ook in het Nieuwe Testament worden de soldaten herhaaldelijk geprezen, zonder dat hun dienst wordt veroordeeld of dat hun wordt bevolen die op te geven. Ook de heldendaden van de militaire leiders uit het Oude Testament worden verheerlijkt.

De Schrift instrueert de generaal die zich voorbereidt om oorlog te voeren op vele plaatsen, en spoort hem aan de toekomstige veldtocht weloverwogen te plannen, de voors en tegens af te wegen en te bespreken in een krijgsraad. De Schrift handelt ook over de soldij van de soldaten en spoort aan tot militaire standvastigheid en tot het zich onthouden van wereldse zorgen omwille van de dienst.

De Schrift spreekt ook over de geestelijke voorbereiding van soldaten op de strijd, die bestaat in de eerste plaats in het juist richten van de gedachten op God, en in de tweede plaats in intens gebed.

Aartspriester Alexander Grigoriev
6 mei 2008

HEILIGE IGNATIUS
BRYANCHANINOV: AFORISMEN

De spreuken van de Heilige Ignatius (Bryanchaninov), een van de beroemdste en meest geliefde heiligen van Rusland.

Verlossing

...verlossing bestaat uit de terugkeer tot de gemeenschap met God.

Ongelukkig is hij, die tevreden is met zijn eigen menselijke gerechtigheid. Hij heeft Christus niet nodig, die Zelf heeft verkondigd: "Ik ben niet gekomen om rechtvaardigen te roepen, maar zondaars" (Matteüs 9:13).

Gods voorzienigheid, vertrouwen en hoop, eenvoud en verdorvenheid

Er is geen blind toeval! God regeert de wereld en alles wat zich in de hemel en onder de hemel afspeelt, geschiedt naar het oordeel van de wijze en almachtige God ondoorgrondelijk in Zijn wijsheid en almacht, ondoorgrondelijk in Zijn regering.

Als er geen enkele gebeurtenis is die voor God verborgen is, moeten wij God loven voor alles wat er gebeurt.

Het is noodzakelijk ons ervan te verzekeren dat God de deelname van de wereld en de deelname van ieder mens beheerst. De ervaringen van het leven zullen niet aarzelen om deze leer van het Evangelie te bevestigen en te bekrachtigen.

Alle zaken gaan voorbij - zowel goede als slechte - en noch mensen noch demonen kunnen doen wat God niet wil toelaten.

Waarom komt onze geest in opstand tegen Gods oordelen en bevelen? Omdat we God niet geëerd hebben als God.

Uit een levendig geloof in God vloeit een volledige onderwerping aan God voort, en uit onderwerping aan God vloeit vrede van geest en rust van hart voort.

Vanuit het zicht op Gods voorzienigheid, wordt in de ziel een diepe zachtmoedigheid en een blijvende liefde voor de naaste gevormd, die door geen wind kan worden beroerd of verstoord.

Over tijden, sociale gebeurtenissen en privélotsbestemmingen wordt door God aanschouwd.

Het zien van Gods voorzienigheid doet het geloof in God groeien.

De christen die permanent naar Gods voorzienigheid kijkt, bewaart zijn moed en standvastigheid te midden van de ergste tegenslagen.

Niet alleen tijdelijke beproevingen, maar ook de toekomstige die de mens te wachten staan bij zijn intrede in de eeuwigheid, voorbij het graf, staan niet verborgen voor de visie van de Goddelijke voorzienigheid.

De christen moet zich nergens zorgen over maken, want de voorzienigheid van God draagt hem in zijn armen. Onze zorg moet zijn dat we trouw blijven aan de Heer.

De nederlaag van één soldaat is niet de nederlaag van het hele leger.

De Heer is in het rechte gedrag een helper, maar de goddeloze politicus is een helper voor zichzelf - de Heer komt hem niet te hulp omdat de politicus zelf een wijs man is.

Leven volgens het Evangelie

Wees niet tevreden met het vruchteloos lezen van het Evangelie. Tracht de geboden ervan te vervullen. Lees het Evangelie door daden. Het is het boek van het leven en men moet het lezen met het leven.

Volgens de geboden van het Evangelie zullen wij geoordeeld worden in het oordeel dat God voor ons, orthodoxe christenen, heeft ingesteld ... wij zullen geoordeeld worden volgens het Evangelie, dat het nalaten om de geboden van het Evangelie te gehoorzamen een actieve afwijzing van de Heer zelf is.

Het Evangelie is een beeld van de kenmerken van de nieuwe mens, die de Heer uit de hemel is (1 Korintiërs 15:48). Deze nieuwe mens is God van nature. Zijn heilige stam van mensen die in Hem geloven en door Hem veranderd zijn, maakt Hij tot goden door genade.

Nederigheid, liefde, zachtmoedigheid en bijgevolg alle heilige geboden van Christus zijn de troon en rust van de Heilige Geest.

Zoals voor uw eigen gedachten, zo voor de gedachten en de raad van uw naaste, raadpleeg het Evangelie.

De zaligsprekingen van het Evangelie zijn de geestelijke toestanden die in de christen geopenbaard worden door de vervulling van de geboden van het Evangelie; dat de zaligsprekingen de een na de ander geopenbaard worden, uit elkander geboren...

Zuivering wordt tot stand gebracht door de Heilige Geest in een persoon die door het leven uiting geeft aan de wil tot zijn zuivering.

Het belijden van God met de mond zonder belijdenis door daad en door het verborgen leven van het hart in het louter uitvoeren van bepaalde uiterlijke riten en verordeningen van de Kerk wordt beschouwd als lege, zielsvernietigende hypocrisie.

De geboden moeten de ziel zijn van iedere christen en van de christelijke samenleving.

Geestelijke onderscheiding wordt verkregen door het lezen van het Heilige Schrift, in het bijzonder het Nieuwe Testament, en door het lezen van de heilige vaders, wier geschriften overeenstemmen met het soort leven dat de christen leidt.

Het is noodzakelijk dat het lezen wordt bevestigd en bekrachtigd door de wijze van het leven: weest makers van het woord en niet alleen hoorders die uzelf misleiden (Jakobus 1:22).

Het verblijven in de aanneming tot God door de heilige doop wordt ondersteund door te leven naar de geboden van het Evangelie.

Voor de verlossing is het nodig dat degene die in Christus gedoopt is, woont volgens de wet van Christus.

Menselijke corruptie bestaat uit de vermenging van goed en kwaad. Genezing bestaat uit de geleidelijke verwijdering van kwaad, wanneer meer goed in ons begint te werken.

Intentie

De mens wordt gedreven door zijn manier van denken.

Denken is als het roer van een schip.

De geest is de koning in de mens.

De volgeling van Gods wet, in al zijn oefeningen, in al zijn daden, heeft als doel God te behagen. De wereld is voor hem veranderd in een boek met de geboden van de Heer. Hij leest dit boek door zijn daden, door zijn gedrag en door zijn leven.

Het onderscheid tussen goed en kwaad behoort toe aan het hart - dit is zijn taak. Maar nogmaals, het heeft tijd nodig, het heeft oefening nodig in de geboden van het Evangelie, zodat het hart subtiliteit van smaak verwerft om gezonde wijn van namaakwijn te onderscheiden.

Alles wat met schaamte gepaard gaat, heeft zijn begin in de zonde, ook al schijnt het uiterlijk het hoogste goed te zijn.

Het Goddelijke goed moet niet worden verworpen als sommigen, of velen, het voor kwaad hebben gebruikt.

Geestelijke strijd

Verdriet wordt verzoeking genoemd omdat het de innerlijke toestand van het hart openbaart.

Veel minder schadelijk is de bezetenheid door demonen in vergelijking met het ontvangen van een vijandelijke gedachte die de ziel voorgoed kan vernietigen.

Zonde en berouw, trots en nederigheid

In berouw ligt het hele mysterie van verlossing.

Berouw is het bewust zijn van de zondeval, het bewust zijn van de behoefte aan een Verlosser.

Berouw kan niet gecombineerd worden met een willekeurig leven in zonde.

Een gevoel van berouw is niet te vergelijken met iemand die heel tevreden is met zichzelf en alleen maar verleiding en allerlei gebreken om zich heen ziet.

De belangrijkste tekenen van trots zijn kilheid tegenover anderen en het opgeven van de biecht.

De nederige geeft zich geheel over aan de wil van God ... De nederige vertrouwt op God - niet op zichzelf of op mensen. En daarom is zijn gedrag eenvoudig, recht, stevig en majestueus.

Nederigheid ziet zichzelf niet als nederig.

Valse nederigheid gaat altijd gepaard met een verzonnen buitenkant: daardoor verkondigt zij zichzelf.

Valse nederigheid houdt van scènes: zij bedriegt en wordt door hen bedrogen.

De grootste trots is toegeven dat men vrij is van trots.

Allerlei duivelse bekoringen, die aan het ascetisch gebed worden onderworpen, komen voort uit het feit dat het gebed niet geplaatst is in de grondslag van berouw, dat berouw niet tot de bron, de ziel en het doel van het gebed wordt gemaakt.

De Farizeeër, die afziet van de uitvoering van Gods geboden, die de essentie van de Wet zijn, zoekt de verfijning van de uiterlijke details.

Zich bewust zijn van zichzelf als zondaar is noodzakelijk voor de verlossing, maar zichzelf verwijten maken en zich in alle richtingen haasten vanwege de zondigheid is zeer schadelijk. "Alles wat buitensporig is, komt van demonen," zei de Eerwaarde Pimen de Grote.

Verlangt van uzelf niet het onmogelijke; verlangt van uw ziel niet wat zij niet kan geven. Genees uw hartstocht met berouw en vul het gemis van uw werk aan met de geestelijke drift.

Veel en vaak schaden wij onszelf door dingen van onszelf te eisen die niet van onszelf zijn.

Het is dwaas om het onmogelijke te zoeken.

We moeten niet meer eisen van onze ziel en van ons hart dan wat zij kunnen geven.

Wees mild voor uw ziel in haar zwakheden. Overdreven strengheid leidt af van berouw en leidt tot moedeloosheid en wanhoop.

De studie van deugden die niet passen bij de manier van leven, brengt mijmeringen teweeg en leidt tot een valse toestand. Het beoefenen van deugden die niet in overeenstemming zijn met de manier van leven, maakt het leven vruchteloos.

Liefde voor de naaste, zorg voor het heil van anderen, veroordeling, wrok, vergeving

Liefde voor de broeder bestaat in het vervullen van de geboden des Heren aangaande Hem (2 Joh. 1: 6).

De juiste liefde voor de naaste bestaat uit de vervulling van de geboden van het Evangelie richting Hem.

Uw geest, geleid door het Evangelie, zal zich dan verootmoedigen (nederig worden) voor elke naaste, wanneer hij Christus ziet in elke naaste.

En de heilige vaders bevelen ons niet om van onze naasten de vervulling van een gebod te verlangen, want dat zou alleen maar de vrede verstoren.

Liefde voor onze naaste wordt voorafgegaan en vergezeld door nederigheid tegenover hem. Het haten van de naaste wordt voorafgegaan door veroordeling, vernedering, kwaadsprekerij, verachting van hem, anders gezegd hoogmoed.

Doe wat u kunt en wat de wet u toestaat voor uw naasten, maar vertrouw hen altijd aan God toe en uw blinde, vleselijke, onbewuste liefde zal beetje bij beetje veranderen in een geestelijke, redelijke, heilige liefde.

We moeten alle mensen aan God overlaten. Dit is ook wat de Kerk ons leert. Zij zegt: "Laten wij onszelf en elkaar en ons hele leven aan Christus God geven."

Over hen die ongehoorzaam zijn en geen acht slaan op het woord van verlossing moeten wij niet te veel treuren, maar nadat wij gezegd hebben wat passend voor hen is, moeten wij hen overgeven aan de wil van God die hen op het rechte pad kan brengen door andere instrumenten en middelen waarvan er ontelbare in Zijn rechterhand zijn.

Het gebed heeft een sterkere uitwerking op naasten dan woorden gericht tot hen, want het gebed alleen brengt de almachtige God in actie en God doet met zijn schepselen wat Hij wil.

Bedenk dat de Verlosser Petrus zei dat Hij Hem moest volgen en toen Petrus naar een ander vroeg en zich om een ander bekommerde, hoorde hij: "Wat gaat het u aan een ander te volgen, Mij volgt gij."

Door voorbarig en verkeerd voor anderen te zorgen, vergeten of verzwakken wij dikwijls onze zorg voor onszelf.

Om onze naasten niet te veroordelen moeten we ons onthouden van oordelen over onze naasten.

Wij moeten ons met geweld afkeren van het oordelen over onze naasten, ons ertegen wapenen door de vreze Gods en door nederigheid.

Een dienaar van Christus kan niemands vijand zijn.

Gehoorzaamheid

Echte gehoorzaamheid is gehoorzaamheid aan God, de Enige God.

Geloof in de mens leidt tot onstuimig fanatisme.

Zielsverwoestend acteren en de treurigste komedie zijn de ouderlingen die de rol van de oude heilige ouderlingen overnemen zonder hun geestelijke gaven.

Vrijheid

Weest vrij! Bind jezelf niet vast door enige te strikte nauwgezetheid. Regels voor de mens, niet de mens voor regels.

Houdt in uw leven een redelijke verhouding en balans aan zonder u te binden aan kwantiteit.

Het gezegde van de Heer over de sabbat, dat deze voor de mens is en niet de mens voor de sabbat, kan en moet worden toegepast op alle vrome daden en daaronder ook op de gebedsregel.

Besteed al uw aandacht aan de geboden van het Evangelie, maak uzelf daardoor tot een levend, voor God welgevallig offer. Wees in uiterlijke handelingen die geen invloed op de ziel hebben, zoals het veranderen van kleding en dergelijke, vastberaden vrij.

Gebed

De weg naar God is het gebed.
 De ziel van het gebed is aandacht.
 Het onophoudelijk uitspreken van gebeden verdrijft de gedachten.
 De heilige vaders bevelen dat de regel voor de christen zo simpel en ongecompliceerd mogelijk moet zijn.
 De essentie van het opzeggen van een gebedsregel is dat het met aandacht moet worden gedaan. Van aandacht wordt onze geest nederig en van nederigheid komt berouw. Om de regel zonder haast te kunnen uitvoeren, moet de regel gematigd zijn.

Vasten

Zoveel als ongeremd vasten schadelijk is, zoveel meer schadelijk is onmatig vasten.
 Zieken en ouderen moeten oppassen voor overmatige lichamelijke inspanning.

Kerk

Zonder gehoorzaamheid aan de Kerk is er geen nederigheid. Zonder nederigheid is er geen verlossing: verootmoedig mij, en verlos mij, zei de profeet (Ps. 114:5).
 Aangezien de mens uit ziel en lichaam bestaat, bleken uitwendige riten en geboden noodzakelijk.
 De zwakheid van de priester als mens sluit de toediening van de mysteriën niet uit; deze worden toegediend vanwege de genade van het priesterschap waarmee hij begenadigd is,

en niet vanwege zijn eigen deugden, hoewel het aangenaam is te zien hoe een mens zijn eigen deugden combineert met de gaven van de genade.

Ketterij

Ketterij is de valse leer van het christendom. Ketterij is de zonde van de geest. De essentie van deze zonde is godslastering.

Alle oude ketterijen, onder verschillende wisselende gedaanten, streefden hetzelfde doel na: zij ontkenden de Godheid van het Woord en verdraaiden het dogma van de menswording. De nieuwere ketterijen verwerpen het liefst de werking van de Heilige Geest.

Houding tegenover ongelovigen

Wie de heerlijkheid van het christendom is ontnomen, is niet verstoken van de andere heerlijkheid die hij bij de schepping heeft ontvangen: hij is het beeld van God.

Rijkdom en armoede

Tijdelijke rijkdom wordt onrechtvaardig genoemd, omdat zij het gevolg is van de zondeval.

Kennis

Het is beter onwetendheid te bekennen dan een geestelijk schadelijke kennis tentoon te spreiden.

Wonderen

De wens om tekenen te zien is een teken van ongeloof, daar tekenen aan ongelovigen werden gegeven om hen tot geloof te bekeren.

Wereldse zaken

Huishoudelijke karweitjes zijn zeer nuttig: zij nemen ledigheid weg en verlichten de ongeziene strijd van de geest.

Biografie van de heilige Ignatius (Bryanchaninov)

De heilige Ignatius (Bryanchaninov) (1807-1867) was een negentiende eeuwse Russische geestelijke schrijver, bisschop, theoloog en prediker.

Hij werd geboren in een oude adellijke familie, op 5 (17) februari, 1807, in het dorp Pokrovskoye in de provincie Vologda.

In de wereld heette de toekomstige heilige Dmitri Aleksandrovitsj Bryanchaninov.

Als kind voelde hij zich geneigd tot gebedsarbeid en afzondering. Op aandringen van zijn vader ging Dimitri in 1822 naar een militaire ingenieursschool, waar hij in 1826 afstudeerde. Voor de jongeman lag een schitterende wereldlijke carrière in het verschiet, maar nog vóór de eindexamens diende hij zijn ontslag in, omdat hij het kloosterleven wenste na te streven.

Dit verzoek werd niet ingewilligd en Dimitrij Aleksandrovitsj ging in dienst in het fort Dinaburg, waar hij ernstig ziek werd. Op 6 november, 1827, ontving hij zijn begeerde ambtsrust en trad onmiddellijk als novice in het klooster.

Op 28 juni, 1831, werd D.A. Bryanchaninov tot monnik gewijd, waarbij hij de naam Ignatii aannam ter ere van de heilige martelaar Ignatius van Bogonosetsky. Op 5 juli werd hij tot hiërodiaken gewijd en op 20 juli tot hiëromonnik. Vervolgens werd hij in 1833 tot hegumen verheven en in 1834 tot archimandriet.

Op 27 oktober, 1857, werd hij tot hiërarch gewijd in de Kazan-kathedraal in Sint-Petrusburg. Hij werd bisschop van de Kaukasus en de Zwarte Zee.

In 1861 trok bisschop Ignatii zich terug en vestigde zich in het Nikolo-Babaev klooster in het diocees Kostroma, waar hij tot zijn dood op 30 april (12 mei), 1867, een teruggetrokken leven van gebed leidde.

Heilige Ignatius werd heilig verklaard op 6 juni, 1988. Vóór zijn heiligverklaring op 26 mei, 1988, werden zijn relieken overgebracht naar het heilige Vvedenski Tolgski-klooster in Jaroslavl waar zij tot op heden zijn gebleven.

* * *

BIJ WIJZE VAN NAWOORD

De duivel is niet bang voor ons verstand of onze kennis. Hij heeft er meer van. Hij is zelfs niet bang voor onze deugden. Hij heeft er meer van. Slechts één deugd heeft hij niet en die doodt hem en redt ons. Wat is die deugd? ...Op een dag, toen ik iets bereikt had, ging ik trots naar mijn oudvader. Hij zag me en besefte onmiddellijk dat ik was uitgegleden en zonder mijn woorden af te wachten zei hij: "Waarom zijn we zo trots, mijn zoon?"

Waar zijn we zo trots op? Komt het door te vasten, niet genoeg te eten? De duivel vast meer dan wij, hij eet nooit. Of doordat we 's nachts niet slapen, dat we niet genoeg slapen? De duivel is meer wakker dan wij, hij slaapt nooit. Of door onthouding, door onze maagdelijkheid te bewaren? De duivel is maagdelijker dan wij: zelfs als hij ontucht wil plegen, kan hij dat niet - hij heeft geen lichaam.

Ik geloofde mijn oren niet.

Welke deugden wij ook bezitten, de duivel bezit ze ook. Welke deugden wij ook verworven hebben, de deugden die de duivel had toen hij een aartsengel was, zullen wij nooit verwerven. En ze zijn allemaal verloren gegaan. Waarom? Omdat hij één deugd miste. We moeten ernaar streven deze deugd te verwerven om gered te worden.

De duivel overmeestert ons niet alleen met zonden. Hij overwint ons meer met deugden dan met zonden. Zonden zien we, we kunnen ze vermijden, maar voor de deugden worstelen we om ze te verwerven.

Een heilige zei: "Wil je vasten? De duivel helpt je. Wil je aalmoezen geven? De duivel helpt je. Tempels en kerken bouwen? De duivel helpt je. Waarom? Omdat hij weet dat we trots kunnen worden en alles verpesten als we al deze dingen bereiken. We moeten die deugd hebben die hij niet heeft: nederig zijn!"

Heilige Nikon.

www.ingramcontent.com/pod-product-compliance
Lightning Source LLC
Chambersburg PA
CBHW031102080526
44587CB00011B/783